Sich selbst lieben lernen:

Wie Sie die Kunst der Selbstliebe meistern, die innere Kritik ablegen und sich wieder glücklich in der eigenen Haut fühlen.

Simone Kerber

Inhaltsverzeichnis

Einleitung

Die ganze Welt redet über das Wort „Selbstliebe". Aller Wahrscheinlichkeit nach ist in jedem Selbsthilfebuch, das Sie je in der Hand gehalten haben, mindestens ein Kapitel dem Thema Selbstliebe und dem Glauben an sich selbst gewidmet. Aber was genau ist Selbstliebe eigentlich? Ist das nicht dasselbe wie Narzissmus? Reden wir hier über Selfies, duftende Schaumbäder und Pediküren? Geht's bei der Selbstliebe nicht schließlich darum, sich selbst zu verwöhnen?

Schon, aber es gehört so viel mehr dazu. Selbstliebe ist ein starkes Konzept, das weit über jedes Verwöhnprogramm hinausgeht. Es liegen Welten zwischen Narzissmus und Selbstliebe. Während der Narzissmus eine ungesunde Besessenheit mit sich selbst ist, geht es bei der Selbstliebe darum, sich bedingungslos mit und trotz aller Stärken und Schwächen zu akzeptieren.

Anders als beim Narzissmus ist der Fokus bei der Selbstliebe nicht auf Arroganz, Egoismus oder eine egozentrische Einstellung gerichtet. Es geht darum, sich selbst zu lieben für die Person, die man tief innen ist, und der Herr seines eigenen Glücks und Wohlbefindens zu sein. Bei der Selbstliebe konzentrieren Sie sich darauf, sich selbst aufzubauen und zu lieben, anstatt Akzeptanz und Liebe von anderen zu suchen. Während Narzissten ihre Mitmenschen aufgrund ihrer zwingenden Besessenheit mit sich selbst runterziehen, richtet Selbstliebe ihren Fokus darauf, sich selbst und andere zu respektieren. Der Narzissmus sagt „Ich liebe mich mehr als andere", während die Selbstliebe sagt „Ich zeige mir gegenüber genauso viel Liebe und Respekt wie anderen Menschen auch."

Ein weiterer krasser Kontrast zum Narzissmus ist, dass Selbstliebe einem äußerst positiven und affirmativen Streben nachgeht. Es verstärkt die Fähigkeit, sich selbst zu lieben, um andere lieben zu können und Empathie auf einer höheren Ebene zu empfinden. Es basiert auf dem soliden Prinzip von Verständnis und Zusammenarbeit, anders als der Narzisst, der durch Wettbewerb und oberflächliches Ausstechen der Konkurrenz aufblüht. Sich selbst zu lieben ist ausschließlich positiv, heilend und pflegend für die Seele, wohingegen Narzissmus destruktiv, giftig und beziehungszerstörend ist.

Neue Kleidung und ein atemberaubendes Makeover sind nicht die Schlüssel zur Selbstliebe, sie können eine Rolle in ihrer Findung spielen, definieren sie aber nicht. Selbstliebe ist die tiefe und unsterbliche Wertschätzung unseres wahren Ichs, das von innen herauskommt. Es ist das Streben danach, uns körperlich, emotional und spirituell zu stärken. Sich selbst zu lieben bedeutet, sich voll und ganz mit all seinen Stärken und Schwächen wahrzunehmen und zu akzeptieren. Es geht darum, das, was man ändern kann, zu ändern und zu akzeptieren, was man nicht ändern kann.

Bei der Selbstliebe geht es darum, nie das Gefühl zu haben, seine Schwächen rechtfertigen zu müssen, sich klare Ziele zu setzen, sich selbst mit tiefgründiger Liebenswürdigkeit zu begegnen und ein erfülltes Leben zu haben. Das können wir nur erreichen, wenn wir **über** der Meinung anderer stehen und uns für uns selbst akzeptieren. Sich selbst zu lieben ist nicht nur ein oberflächliches psychologisches Wohlfühlkonzept, es ist ein realer Handlungsplan, der Ihr Leben für immer verändern kann.

Dieses Buch bietet Ihnen 10 wertvolle und sorgfältig recherchierte Strategien, die Ihnen helfen, an Bord der bereichernden Reise zur Selbstliebe zu klettern. Sie werden lernen, Ihre Fehler zu akzeptieren, mit vorübergehenden Rückschlägen umzugehen und sich von dem Gefühl zu befreien, das Sie davon zurückhält, sich selbst zu lieben. Es sind viele leicht verständliche und praktische Hinweise enthalten, die Sie in den Alltag einfließen lassen können, um Ihren Selbstliebequotienten zu erhöhen.

Kapitel 1: Entdecken Sie Ihre spirituelle Seite

Glaube ist die Grundlage, um sich selbst zu lieben. Es gibt Ihnen die Kraft, an sich zu glauben, ganz unabhängig von den herrschenden Umständen. Einer höheren Kraft zu vertrauen erlaubt Ihrer Seele, sich den Wundern von Glaube, Hoffnung und Vertrauen neu zu öffnen. Spiritualität hilft Ihnen dabei, Ihre Intuition zu festigen und Sie näher an Ihre innere Stimme zu bringen. Es hilft Ihnen, aus dem Bauch heraus solide Entscheidungen zu treffen. Spirituelles Streben kann Ihnen helfen, neue Aspekte an sich selbst zu entdecken. Es kann zu neuen Gedanken, Leidenschaften, Emotionen, Gefühlen, Glauben und Handlungen führen. Sie werden sich mehr wertschätzen, wenn Sie in der Lage sind, eine starke Verbindung mit Ihrem inneren Ich aufzubauen.

Selbstliebe und Selbstheilung kann in einer Vielzahl von effektiven Wegen praktiziert werden. Zwei dieser Wege sind Achtsamkeit und Meditation. Eine der fundamentalsten Lehren des Spiritismus ist die bedingungslose Selbstliebe und Selbstakzeptanz. Sie sind ein Teil des Universums, und es ist ebenso wichtig, sich selbst zu lieben wie andere Menschen auch.

Das Konzept hinter der Selbstliebe kann für viele Menschen erst mal verwirrend sein. Schließlich steht das Thema Selbstlosigkeit im Mittelpunkt vieler Religionen. Somit wird Selbstliebe zur Antithese vom Konzept der Selbstlosigkeit. Aber ist Selbstliebe dasselbe wie Selbstsucht? Ist es wirklich das Gegenteil von Selbstlosigkeit? Weit gefehlt!

In erster Linie geht es bei der Selbstliebe um bedingungslose Selbstakzeptanz, versehen mit einem Schuss Mitgefühl, Verständnis und Wertschätzung. Können Sie sich in diesem Augenblick aus ganzem Herzen selbst akzeptieren? Wenn die Antwort Nein ist, was fehlt, damit Sie sich als Ganzes akzeptieren können? Wollen Sie erfolgreicher sein? Oder besser aussehen? Oder vielleicht wollen Sie an Ihren Kommunikationsfähigkeiten arbeiten? Unsere Liste mit unabgehakten Punkten zum „perfekten Ich" ist oft ellenlang. Haben Sie es in sich, die Person, die Sie in diesem Moment sind, zu lieben? Können Sie sich akzeptieren, ohne Ihre persönlichen Erwartungen an sich selbst zu erfüllen? Werden Sie sich selbst lieben, auch dann, wenn Sie nie die Person werden sollten, die Sie werden wollen?

Diejenigen mit einer gesunden und ausgeglichenen Einstellung zum Thema Selbstliebe finden es einfacher, andere zu lieben und zu akzeptieren. Wenn Sie Selbstliebe praktizieren, übermitteln Sie nicht nur sich selbst, sondern auch dem Universum, dass Sie nur die positiven Dinge im Leben verdienen. Schritt für Schritt erlaubt das Ihnen, Ihre Hoffnungen, Träume und Wünsche Realität werden zu lassen. Hier sind einige powervolle Tipps, die Ihnen dabei helfen, Ihre Spiritualität zu entdecken.

Meditation

Meditation erlaubt Ihnen, dass Sie sich selbst in einem ruhigeren und nicht wertenden Zustand betrachten. Einfacher gesagt, es öffnet die Tür, um eine bedeutsame Freundschaft mit sich selbst eingehen zu können. Je besser Sie sich selber kennenlernen, desto einfacher wird es Ihnen fallen, jeden Aspekt Ihres Seins zu akzeptieren. Zweifel, Ängste, Misstrauen und Unsicherheit werden Gefühle der Vergangenheit sein, wenn Sie im Einklang mit sich selbst sind.

Sobald Sie damit beginnen, sich mit Güte und Verständnis zu akzeptieren, begraben Sie automatisch die selbstzerstörenden Gedanken, dass Sie nicht gut genug sind oder es nicht verdienen, glücklich zu sein. In einfachen Worten, Sie laden Mitgefühl in den Kreis der Selbstverneinung und des niedrigen Selbstwerts ein, bis alle Unsicherheiten und negativen Gefühle verschwinden und sich das powervolle Gefühl von Selbstliebe in Ihnen ausbreitet.

Anleitung für eine Selbstliebe-Meditation

Finden Sie einen ruhigen und entspannten Ort, an dem Sie die Selbstliebe-Meditation üben können. Begeben Sie sich in eine komfortable Position. Atmen Sie bewusst einige Male tief ein. Konzentrieren Sie sich auf das Fließen jeden Atemzugs, wenn Sie die Luft ein- und wieder ausatmen. Seien Sie sich Ihrer einzelnen Körperteile bewusst, während Sie weiterhin ruhig tief ein- und ausatmen. Beginnen Sie mit Ihrem Herzen und spüren

Sie das sanfte Klopfen.

Stellen Sie sich sich selbst in Ihrem Herzen vor. Sie können sich das bildlich vorstellen oder Ihren Namen einige Male skandieren. Lassen Sie sich sanft und geborgen von Ihrem Herzen halten. Wiederholen Sie eine Affirmation, die Sie von Selbstzweifeln befreit und positives Denken fördert, „Möge ich für immer glücklich sein" oder „Möge ich vom Teufelskreis des Selbstzweifels wegbrechen". Das regelmäßige Wiederholen dieser Affirmationen wird Ihnen langsam dabei helfen, eine einfühlsamere, tiefere und wertschätzende Beziehung mit sich selbst aufzubauen. Atmen Sie ein letztes Mal tief ein und jeglichen Stress und Druck aus.

Sie können sich sich auch als Ihr eigenes Kind vorstellen. Sehen Sie sich als den Elternteil und Ihre Persönlichkeit als Ihr Kind. Stellen Sie sich vor, dass dieses Kind die perfekte Kreation ist. Es ist noch am Wachsen und Weiterentwickeln, um sein volles Potential auszuschöpfen, aber perfekt, so wie es ist. Akzeptieren Sie Ihr Kind aus ganzem Herzen. Sehen Sie sich dieses Wunder der Natur mit Zuneigung, Wertschätzung und Freude an, mit allen positiven und negativen Seiten. Öffnen Sie diesem Kind Ihr Herz und nehmen Sie es mit bedingungsloser Liebe an.

Vertiefung des Bewusstseins

Die Vertiefung des Bewusstseins ist die Königsdisziplin der Gewissensprüfung. Es geht darum zu verstehen, wo man aktuell ist, wenn es um das Thema Selbstliebe geht. Stille Reflexion ist ein hervorragender Weg, um Licht an Ihren unbewussten Geist zu bringen. Ist ein Defizit an Selbstliebe vorhanden? Was sind die zugrundeliegenden Probleme, die dieses Defizit hervorruft?

Fragen Sie sich Fragen, die Sie näher an Ihr Inneres Ich bringen. Was lieben Sie an sich selbst? Was hält Sie davon ab, sich selbst zu lieben? Was würden Sie gerne an sich ändern? Konsultieren Sie Ihren „inneren Therapeuten", um herauszufinden, wie Sie sich selbst intensiver lieben können.

Sie führen eine unvoreingenommene und wesentliche Selbstanalyse durch. Geben Sie sich keinen Spielraum für eine Verurteilung Ihrer Handlungen. Sie ziehen lediglich eine Bilanz aus den Aspekten, die Sie an sich lieben, und aus denen, die Sie noch perfektionieren möchten. Das hilft Ihnen, die Seiten, die Sie an Ihrer Persönlichkeit ändern wollen, zu verfeinern.

Überzeugen Sie Ihr Unterbewusstsein durch positive Affirmationen

Stellen Sie sich Ihr Unterbewusstsein als einen Computer vor, der wichtige Informationen enthält. Wenn Sie diese Informationen ändern möchten, müssen Sie die Maschine umprogrammieren. Das tägliche Wiederholen der Affirmationen ermöglicht Ihnen, „Ihr Unterbewusstsein umzuprogrammieren" und eine positive Denkbasis zu erschaffen. Die Übung kanalisiert Ihr Unterbewusstsein darauf, sich bedingungslos selbst zu lieben. Affirmationen können gesprochen, aufgeschrieben (später mehr zum Thema Tagebuchführen) oder im Geiste wiederholt werden.

Praktizieren Sie Dankbarkeit

Bemühen Sie sich aktiv darum, giftiges Vergleichen loszulassen und stattdessen dankbar für all Ihre Gaben zu sein. Ein Leben voller Dankbarkeit erlaubt Ihnen, sich zu lieben und zu akzeptieren, während Sie strenges Verurteilen, verbitterte Frustration und Hoffnungslosigkeit gehen lassen. Negative Gefühle werden durch neue Möglichkeiten für ein glückliches Leben ausgetauscht. Sie können Dankbarkeit üben, indem Sie es durch Affirmationen ausdrücken oder einen Brief schreiben mit all den kleinen Dingen, für die Sie dankbar sind, und diesen ins Universum schicken. Danken Sie anderen für ihre Hilfsbereitschaft. Wenn Ihr Herz mit Dankbarkeit gefüllt ist, ist Selbstliebe nur noch einen Schritt weit entfernt. Niemand kann so gut sein wie Sie selbst. Dankbar zu sein für all Ihre Gaben zieht weitere Gaben an.

Trauminterpretation

Spirituelle Heilung oder Reinigung kann höchst effektiv sein. Es gibt zahlreiche Wege, es zu praktizieren. Beliebte Techniken sind Selbsthypnose, Trauminterpretation, Yoga, Reiki, Aromatherapie und Qigong.

Trauminterpretation ist ein wundervoller Weg, um mit Ihrem inneren Ich in Einklang zu kommen. Unsere Träume haben die

Schlüssel zu den Facetten, die unser Geist verschlossen hält. Erhöhtes Bewusstsein unserer Träume und sie akkurat zu interpretieren hilft uns, in unser Unterbewusstsein einzutauchen und eine starke Verbindung zu uns selbst herzustellen. Was hält uns zurück? Welche Gefühle müssen wir eliminieren, um uns wieder lieben zu können? Was hält uns davon ab, unsere Ziele im Leben zu erreichen? Welche unserer positiven Eigenschaften können wir benutzen, um an diese Ziele zu kommen?

Der Weg zur Selbstheilung und Selbstakzeptanz wird einfacher, wenn wir uns unserer tiefsten Gefühle bewusst sind. Das Universum und unser Geist sind stetig in Kontakt mit uns durch Metaphern und Symbolik in unseren Träumen. Das Entschlüsseln unserer Träume gibt uns die Macht, uns noch mehr zu akzeptieren und zu lieben. Eine Verbindung mit dem höheren Geist erlaubt uns, ein lohnenswerteres, bedeutungsvolleres und abgerundeteres Leben zu leben.

Sport

Sport ist ein genauso spirituell erfüllender und reinigender Vorgang als auch eine körperlich belohnende Aktivität. Wenn Sie Ihrem Körper mehr Liebe und Respekt zeigen, zeigen Sie automatisch auch sich selbst mehr Liebe. Die Teilnahme an aufregendem und herausforderndem Streben ist mit dem Verwöhnen Ihres Geistes gleichzusetzen, was wiederum erhöhte Selbstliebelevel zur Folge hat.

Haben Sie schon mal das befreiende Hoch nach einem Lauf oder einer anderen körperlich anstrengenden Herausforderung gespürt? Das Gefühl, Bäume ausreißen zu können? Genau das ist, was Sport für Ihren Geist tun kann. Es hilft Ihnen dabei, negative Gefühle wortwörtlich auszuschwitzen und sich auf Ihre körperlichen Stärken zu konzentrieren.

Gebete

Beten kann extrem heilend und reinigend sein, wenn es um den Glauben an sich selbst geht, und Ihnen unabhängig von Ihrem spirituellen oder religiösen Glauben helfen, Stress abzubauen und Wunder wahr werden zu lassen.

Die Teilnahme an sogenannten Healing Circles kann eine wunderbare und seelenöffnende Erfahrung sein. Wenn Sie die geballte Power von Gebeten und positiver Energie erleben wollen, dann besuchen Sie Ihre lokale Healing Circle Gruppe. Die positive Einstellung von Menschen, die an die Kraft des Glaubens glauben, kann Ihren persönlichen Horizont erweitern.

Entdecken Sie Ihren *Happy Place*

Wir alle haben diesen einen Ort, an dem wir uns sofort wohlfühlen. Dieser Ort kann Ihre lokale Bibliothek sein, ein Stadtpark oder sogar Ihre Garage, er hilft Ihnen dabei, Ihre positiven Energien mit Bewusstsein und Gelassenheit zu kannelieren. Wenn Sie noch keinen *Happy Place* haben, dann machen Sie sich jetzt auf die Suche. Es kann in einer ruhigen Ecke Ihres

Hauses sein, in der Sie sich wohl und geborgen fühlen.

Ihr *Happy Place* hilft Ihnen, sich mit Ihrem inneren Ich zu verbünden und das in einer inspirierenden Umgebung. Es hilft Ihnen dabei, vom Alltag loszulassen und sich auf sich selbst zu konzentrieren. In dieser Zeit können Sie alles machen; von einer Unterhaltung mit sich selbst bis hin zum Niederschreiben Ihrer tiefsten Gedanken. Erleben Sie die inspirierende Energie Ihres Happy Places.

Folgen Sie Ihrer Intuition

Wenn Sie lernen, sich von Ihrer Intuition führen zu lassen, öffnet sich auch das Tor zur höheren Selbstliebe. Wenn wir auf unsere innere Stimme hören, bauen wir ein starkes Fundament mit unserer inneren Kraft. Schauen Sie sich nach Hinweisen und Zeichen um, die Ihnen sofort ein Bauchgefühl geben. Wenn sich etwas richtig oder falsch anfühlt, dann ist es das wahrscheinlich auch. Geben Sie sich dabei Mühe, Ihre Intuition zu trainieren, indem Sie meditieren oder Selbstgespräche führen. Wenn Sie lernen, mit Ihrer inneren Stimme zu kommunizieren, lassen sich Entscheidungen leichter treffen.

Kapitel 2: Selbstliebe und Tagebuchführen

Tagebuchführen hat unzählige Vorteile. Es hilft Ihnen nicht nur, Ihr Wachstum als Person zu verfolgen, sondern auch, Ihre Gedanken, Gefühle und Stimmungen schriftlich festzuhalten, und am wichtigsten, alles bewusst Geschriebene zu verinnerlichen. Können Sie wirklich etwas erreichen, wenn Sie selbst nicht an sich glauben? Unwahrscheinlich. Tagebuchführen hilft Ihnen dabei, Ihre Ziele zu festigen und mit Ihrem inneren Ich in Kontakt zu treten, um sich bedingungslos selber zu lieben und zu akzeptieren.

Das Niederschreiben unserer Gedanken, Gefühle und Affirmationen ist nicht nur ein Wohlfühlritual. Jedes Mal, wenn Sie Ihre tiefsten Gedanken aufschreiben, verinnerlichen Sie sie, indem Sie Signale an Ihr Unterbewusstsein schicken. Ihr Unterbewusstsein arbeitet dann aktiv daran, diese Ziele oder Gefühle umzusetzen.

Die Sache mit dem Unterbewusstsein ist, dass es nicht zwischen Wirklichkeit und imaginärer Realität unterscheiden kann. Es glaubt, dass alle verinnerlichten Gefühle real sind. Wenn Sie Ihre positiven Affirmationen, Träume und Gedanken aufschreiben, hält Ihr Unterbewusstsein sie für echt.

Also, wenn Sie zum Beispiel wiederholt schreiben, dass Sie wundervoll sind und sich selber lieben, dann hält Ihr Unterbewusstsein es für die Wahrheit und leitet Ihr Handeln und Benehmen in Richtung dieser Realität. Das bedeutet, dass Ihre Affirmationen und Gedanken Ihr Handeln bestimmen. Sobald Sie sich daran gewöhnt haben, Ihre Gedanken, Ziele oder Träume aufzuschreiben, werden Sie merken, wie sich Ihr Handeln in das Niedergeschriebene einfügt.

Indem Sie sich auf ein positives Leben konzentrieren, steigern Sie Ihr Selbstwertgefühl und sind empfänglicher für höhere Selbstliebe. Sie bringen Ihren Geist dazu, zu glauben, dass Sie ein wundervolles, positives und erfülltes Leben führen. Das wiederum hilft Ihnen dabei, genau dieses Leben für Sie zu erschaffen. Indem Sie sich auf die positiven Aspekte konzentrieren, pflegen Sie die Liebe zu sich selbst.

Schreiben Sie mit einem klaren und fokussierten Geist. Was genau wollen Sie in Ihrem Streben nach Selbstliebe erreichen? Ein persönliches Ziel? Möchten Sie sich einfach akzeptieren, so wie Sie sind? Sind Sie darauf aus, einen verlockenden Traum wahrzumachen? Nehmen Sie sich jeden Tag ein paar Minuten Zeit, um Ihre Ziele und Gefühle niederzuschreiben.

Gestalten Sie Ihr Tagebuch so inspirierend und anspornend wie nur möglich. Schmücken Sie es mit ermutigenden, glücklichen und positiven Bildern, die Ihre Selbstliebe stärken. Benutzen Sie motivierende Zitate, aussagekräftige Sticker, Sketche und mehr, um Ihre Ziele und Selbstliebe zu illustrieren. Verbringen Sie weniger Zeit mit unproduktiven Aktivitäten, wie am Smartphone zu spielen, und setzen Sie Ihren Fokus darauf, mehr Bedeutung in Ihr Leben zu bringen. Ähnlich wie bei der Meditation gibt Ihnen Tagebuchführen die Chance, Ihre inneren Fähigkeiten zu reflektieren und höhere Selbstliebe und Akzeptanz von innen heraus zu finden.

Fokussieren Sie Ihre Energie darauf, Ihre Gedanken akkurat niederzuschreiben, indem Sie einen freien Geist beibehalten. Erlauben Sie es Ihren Gedanken nicht, abzuschweifen. Denken Sie an all die Dinge, für die Sie dankbar sind. Denken Sie an die Ziele, die Sie erreichen wollen. Stellen Sie sich sich und Ihr Leben vor, nachdem Sie diese Ziele erreicht haben. Was werden Sie dann sagen und tun? Versuchen Sie, sich in Ihr Zukunfts-Ich einzufühlen. Verinnerlichen Sie dieses Gefühl, indem Sie sich vorstellen, Ihr Zukunfts-Ich wäre Ihr jetziges. Als hätten Sie bereits all Ihre Ziele erreicht und wären die Person, die Sie immer schon sein wollten.

Suchen Sie einen ruhigen, besinnlichen und inspirierenden Ort, um Ihr Tagebuch zu schreiben. Dieser Ort sollte frei von Ablenkungen sein, spirituell stimulierend und motivierend. Das kann Ihr liebster Garten sein, in dem Sie sich in Einheit mit der Natur fühlen oder eine spirituell erregte Ecke in Ihrem Haus, die bedeutsam für Sie ist. Im Prinzip jeglicher Ort, an dem Ihre Gedanken frei und ungestört fließen können.

Behandeln Sie Ihr Tagebuch wie Ihren besten Freund und schütten Sie ihm beim Schreiben Ihr Herz aus. Schreiben Sie über Ihren Tag und die Dinge, die Sie an sich selber mögen.

Das wird den Prozess der Selbstakzeptanz erleichtern. Jedes Mal, wenn Sie etwas Gutes an sich quittieren, praktizieren Sie Selbstliebe. Sie geben Ihrem Unterbewusstsein die Nachricht, dass Sie daran glauben, wie wundervoll Sie sind, und das, im Einklang mit Ihren Gedanken, kreiert noch mehr Großartigkeit.

Wie Sie Ihr Tagebuch führen wollen, ist eine persönliche Entscheidung. Schlagen Sie einen Stil ein, mit dem Sie sich wohlfühlen. Während manche von uns das Tagebuch nutzen, um Glücksmomente festzuhalten, verwenden es andere, um täglich zu notieren, wofür sie an dem jeweiligen Tag dankbar sind. Jedes Mal, wenn Sie einen schlechten Tag haben, werden Ihnen Ihre Tagebucheinträge wieder ein Lächeln ins Gesicht zaubern. Es schenkt Ihnen ein Gefühl von Frieden und Zufriedenheit, an all die positiven Seiten Ihres Ichs erinnert zu werden. Der Fokus wandert von den negativen Dingen zu den Dingen, die Sie lieben.

Sie können auch ein monatliches Journal anlegen mit verschiedenen Farbcodes, um Ihren Tag zu planen. Wenn Sie zum Beispiel an einem bestimmten Wochentag zum Zumba gehen, wählen Sie eine leuchtende Farbe. Wenn Sie Ihre Aufmerksamkeitsmeditation oder Freiwilligenarbeit planen, wählen Sie eine sanfte Farbe. Ihr Journal sollte einzigartig, persönlich und auf Sie zutreffend sein. Es soll förmlich „Sie" schreien.

Sie können auch über jemanden schreiben, den Sie zutiefst verehren. Diese Person könnte eins Ihrer Geschwister sein, eine Freundin oder eine bekannte Persönlichkeit. Erwähnen

Sie ihre bewundernswertesten Eigenschaften. Was inspiriert sie? Welche Hürden haben diese Menschen in ihrem Leben überkommen? Das Beantworten dieser Fragen hilft Ihnen dabei, die Eigenschaften der Menschen aufzunehmen, die Sie inspirieren, was wiederum Ihre Handlungen leitet. Sie akzeptieren, dass diese Menschen, genau wie Sie auch, Makel hatten, die sie überkommen haben.

Sie können Ihr Journal als Tool für ein Leben mit mehr Balance, Liebe und Belohnung benutzen. Zum Beispiel: Ich bin am stolzesten, wenn ...., ich bin dankbar für ...., ich bin am glücklichsten, wenn........ etc.

Ein Brief mit aufmunternden Worten an Ihr Kinder- oder Jugend-Ich ist ein toller Weg, sich für all die Dinge zu loben, die Sie bereits gemeistert haben. Konzentrieren Sie sich auf die Ereignisse, die Sie glücklich gemacht haben und einen positiven Einfluss auf Ihr Leben hatten. Wie kann der Einfluss von Positivität Ihr Leben verändern? Wenn Sie von Ihrem Ziel abschweifen oder sich selbstkritisch fühlen, lesen Sie Ihre Notizen, um sich wieder auf den richtigen Pfad zu leiten.

Schreiben Sie im Hier und Jetzt. Schreiben Sie Ihre Ziele nicht als etwas auf, das Sie von der Zukunft erwarten. Schreiben Sie so, als würden Sie diese Gaben bereits besitzen. Also, statt darüber zu schreiben, dass Sie sich mehr Liebe in Ihrem Leben wünschen, schreiben Sie, dass Sie sich bereits geliebt fühlen, auch wenn das nicht der Fall ist. Konzentrieren Sie sich darauf, so zu schreiben, als hätten Sie das, was Ihnen momentan im Leben fehlt, bereits erhalten. Das kreiert einen positiveren Kreis, der Ihnen hilft, das zu offenbaren, was Sie gerne hätten.

Kapitel 3: Schluss mit dem Durcheinander

Das Ausrümpeln Ihrer Wohnung oder des Kleiderschranks kann lohnenswerter sein, als Sie glauben. Es schafft nicht nur Platz für das neue Sie, es ist außerdem heilsam für Ihren Geist. Ein ordentlicher Platz reflektiert einen Geist, der frei von Chaos ist. Und das ebnet den Weg zur Selbstakzeptanz und Liebe.

Selbst eine einfache Tat wie das Aufräumen eines Schranks hat einen starken Effekt auf Ihr Wohlsein. Das Wegschmeißen von altem, ungewollten Kram erlaubt Ihnen, Platz für die neuen, aufregenden Sachen zu machen, die Sie in Ihrem neuen Leben erwarten.

Ihre Wohnung ist eine Reflektion Ihres inneren Lebens

Unser Wohnraum ist eine Reflektion unseres inneren Zustands. Je präsenter, ausgeglichener und ruhiger Ihr Leben ist, desto weniger wollen Sie in einem Chaos wohnen. Gewisse Situationen und Umstände sind vielleicht nicht in Ihrer Kontrolle, aber Sie haben Kontrolle über Ihre Einstellung dazu. Selbst wenn Ihr Zustand gerade nicht fantastisch ist, Sie können Ihre Gefühle ändern, indem Sie wählen, in einer sauberen und aufgeräumten Umgebung zu leben.

Schaffen Sie Raum für Neues

Wenn Sie Altes loslassen, schaffen Sie automatisch Raum für Neues. Wenn Sie Ihren Wohnraum ausmisten, reinigen Sie Ihre Seele von alten, schmerzhaften Erinnerungen, negativen Gedanken oder ungewollten Lasten der Vergangenheit. Wenn Sie sich von der Negativität der Vergangenheit befreit haben, können Sie sich all den positiven Dingen der Zukunft öffnen. Das Loslassen von alten Lasten ermöglicht Ihnen, Raum für Neues zu schaffen. Befreien Sie sich von den negativen Aspekten Ihres Hauses und Geistes, und ersetzen Sie es mit positiveren Gedanken und Gefühlen.

Mindern Sie Angstgefühle

Unordnung ist oftmals ein Indikator für unerledigte und vergessene Aufgaben. Es ist ein Wirrwarr, dass wir zu faul waren, zu konfrontieren oder zu Ende zu bringen. Das Chaos wächst und ragt immer höher über unseren Köpfen hinweg, was zu ängstlichen Gedanken und Handeln führen kann. Angstgefühle, die auf unerfüllte Aufgaben oder negative Erinnerungen zurückzuführen sind, sind kontraproduktiv für die Selbstliebe. Indem Sie angestaute Aufgaben in einer aufmerksamen und bewussten Weise angehen, eliminieren Sie Gefühle von Nervosität und Angst, die Sie davon abhalten, eine selbstbewusstere Person zu sein.

Produktivität ankurbeln

Sobald das Chaos aus dem Weg geräumt ist, gibt es keine physischen Hindernisse mehr, die Sie davon abhalten, produktiv und effektiv zu handeln. Sie können wesentlich mehr in einem kürzeren Zeitraum erreichen, wenn Sie nicht ständig im Chaos nach Gegenständen suchen müssen. Stellen Sie sich vor, eine halbe Stunde damit zu verbringen, nur um einen wichtigen Ordner zu suchen, den Sie brauchen, um ein Projekt abzuschließen. Und dann die Deadline verpassen, nur weil Sie die fehlenden Papiere nicht finden konnten.

Ihr Boss ist sauer und hält nicht hinter dem Busch damit, was er von Ihrer unorganisierten Arbeitsweise hält. Was passiert in dem Moment mit Ihrem Selbstbewusstsein? Wenn Sie Ihren Wohn- und Arbeitsplatz ordentlich halten, signalisiert das nicht nur Ihnen selbst, sondern auch dem Universum, dass Sie höchst produktiv und effektiv arbeiten. Das kann ein exzellenter Schub für Ihre Selbstliebe sein, denn es erhöht Ihren Selbstbewusstseinslevel und die Art, wie Sie sich selber sehen.

Eine ordentliche Umgebung zieht Kreativität an

Wenn Sie sich von den Fesseln ungewollter Güter befreit haben, sind Sie offener für positive Energien und Lebenskraft. Kreativität wird durch positive Lebensenergie in Ihr Leben gebracht, wenn es frei und ohne Behinderung fließen kann.

Oft wird der Begriff „Blockade" benutzt, wenn wir nichts kreieren können oder eine Barrikade in unserer Kreativität spüren. Das Beseitigen unseres Durcheinanders entblockt unsere Energie und erlaubt unserer Kreativität, wieder aufzublühen. Wenn Sie kreativ und produktiv sind, erhöht sich Ihr Selbstwertgefühl dramatisch.

Möglichkeiten tauchen auf

Wie oft ist es Ihnen schon passiert, dass Sie eine E-Mail mit einem Geschäftsvorschlag beim Ausmisten Ihres E-Mail-Fachs gefunden haben oder die Kontaktangaben eines alten Arbeitskollegen, der Ihnen gerade behilflich sein könnte? Wie oft haben Sie schon lang vergessenes Geld in Ihrer Jackentasche gefunden? Geld und Möglichkeiten sind zwei der positivsten Nebeneffekte des Ausrümpelns. Sie öffnen sich höheren Energien, Geld und Möglichkeiten während des Prozesses der Chaosbeseitigung.

Befreien Sie sich von alten Lasten

Wenn Sie Geschenke von alten Liebhabern oder Freunden behalten, kann es zur Folge haben, dass es jedes Mal negative Gefühle und Assoziationen hervorruft, wenn Sie den Gegenstand in der Hand halten. Das Entsorgen dieser alten Geschenke hilft Ihnen, sich aus einer Vergangenheit, die keiner Erinnerung wert ist, zu entkommen und sich stattdessen auf die Zukunft zu freuen.

Eventuell haben Sie bestimmte Gegenstände in Ihrem Haus, die Sie an negative Perioden Ihres Lebens erinnern. Das Ausmisten dieser Gegenstände lässt Sie den Schmerz dieser Zeit loslassen. Sie sollten sich nicht mit Dingen umgeben, die einen negativen Vibe ausstrahlen. Behalten Sie keine Gegenstände, die Sie an das erinnern, was bereits geschehen ist. Lieben Sie sich bedingungslos selbst, und seien Sie sich sicher in dem Wissen, dass nur das Beste auf Sie wartet.

Erhöhter mentaler Fokus

Ein ordentlicher Arbeitsplatz gibt Ihnen die Möglichkeit, zu denken, kuratieren, organisieren und Informationen zu verarbeiten. Es erhöht Ihre Konzentrationslevel und Ihren mentalen Fokus. Wenn Sie klar denken, erzielen Sie automatisch bessere Ergebnisse, was wiederum in höherer Selbstliebe resultiert. Ein chaotischer Arbeitsplatz verschlingt Ihre Konzentration und lenkt Sie von den wesentlichen Aufgaben ab.

Fangen Sie klein an

Kreieren Sie eine simple Routine und verpflichten Sie sich dazu, bei der Stange zu bleiben, während Sie die Messlatte stetig höher legen. Fangen Sie damit an, zwei Mal täglich abzuwaschen und den Müll rauszubringen. Selbst diese Kleinigkeiten führen zu einem langfristig ordentlicheren Haushalt und können Angstgefühle reduzieren. Das Erledigen von täglichen Haushaltsarbeiten erfüllt Sie mit einem wunderbaren Gefühl von Zufriedenheit, was Ihr Selbstbewusstsein und Selbstwertgefühl erhöht.

Kapitel 4: Zur Selbstliebe durch Visualisierung

Der Begriff „Visualisierung" ist kein unbekannter, wenn es um die Themen Persönlichkeitsentwicklung, Selbstbewusstsein und Selbstliebe geht. Was aber ist Visualisierung? Visualisierung ist nichts anderes als Kopfkino, bei dem wir reflektieren, wer wir sind oder wer wir sein wollen. Die Idee basiert auf dem soliden Konzept, dass wir das anziehen, woran wir häufig denken. Wenn wir uns also zum Beispiel auf Fülle fokussieren, ziehen wir Fülle an, weil unser Unterbewusstsein und das Universum in Zusammenarbeit mit unseren Gedanken kooperieren.

Jeder unserer Gedanken hat eine Frequenz und, wenn wir diese Gedanken denken, geben wir eine bestimmte Frequenz an das Universum ab, welches uns eine passende Antwortfrequenz schickt. Daher kreieren positive Gedanken eine positive, produktive und belohnende Frequenz, die in einer gleichermaßen positiven von einer vom Universum geschickten Realität resultiert. Negative Gedanken neigen zu einer kontraproduktiven Frequenz, die sich im realen Leben als Hilflosigkeit und Mangel widerspiegelt.

Selbstliebe durch Visualisierung zu praktizieren beinhaltet, sich Dinge vorzustellen, die kraftvolle Signale von Positivität in die Welt der Quantumenergien schickt. Hier sind einige effektive Wege, um Visualisierung zu üben.

Erstellen Sie ein Visionboard

Ein Visionboard ist eine Tafel, die verwendet wird, um Bilder zur Schau zu stellen, die uns helfen, unseren Fokus auf ein bestimmtes Lebensziel oder positive Gedanken zu lenken. Wenn Sie sich z.B. nicht besonders selbstbewusst fühlen, können Sie Ihren Fokus sofort ändern, indem Sie Bilder von Ihren stolzesten, selbstbewusstesten Momenten auf Ihr Visionboard pinnen. Hängen Sie es an einem Platz auf, an dem Sie es regelmäßig sehen.

Unser Geist reagiert besonders gut auf visuelle Stimuli, was unsere Sinne im Gegenzug für Positivitätsschwingungen schärft. Das hilft uns, all die Dinge anzuziehen, die wir uns vorstellen oder die wir sein wollen. Verwenden Sie bedeutungsvolle und relevante Bilder, die Ihnen wichtig sind. Das können persönliche Fotos sein oder Bilder, die sich mit Ihren positiven Lebenszielen identifizieren können.

Benutzen Sie Zeichnungen, Sticker, Bilder, Artikel aus Zeitschriften – alles, was Ihre Träume visuell darstellt. Suchen Sie sich ein Foto aus, auf dem Sie glücklich aussehen und schreiben Sie rundherum motivierende Zitate, Stichworte oder persönliche Reflektionen. Das Bildmaterial kann etliche Ihrer Lebenswege widerspiegeln. Das wird Ihnen dabei helfen, positiver und zielorientierter zu sein und Ihren Fokus zu verlagern - von dem, was Sie nicht haben, zu dem, was Sie werden wollen. Ihre Handlungen werden mehr in Tandem mit der Person sein, die Sie sein wollen.

Geführte Visualisierung

Geführte Bildsprache oder Visualisierung bedeutet, mit Hilfe von externen Ideen und Vorschlägen in einen Zustand von fokussierten Gedanken gebracht zu werden. Es ist eine Form von Meditation, bei der der Lehrer verbale Anleitungen gibt oder Tonbänder verwendet, um Ihnen bei der Meditation zu helfen, indem er Sie sich visuelle Szenen, Bilder, Töne, Gerüche etc. vorstellen lässt, die eine starke Nachricht von Positivität an Ihr Unterbewusstsein leitet. Es führt Sie in einen erfinderischen Geisteszustand, indem Sie sich die Dinge vorstellen, die Sie an sich lieben, während Sie tiefenentspannt sind.

Geführte Visualisierung ist die einfachste Form von Mediation, da sie weder viel Disziplin, Geschick noch Zeit benötigt. Der Geist kann mit ansprechenden Bildern eines geschulten Lehrers einfach verführt werden. Man kann schnell in eine immersive Trance fallen, ähnlich wie bei der Selbsthypnose. Wenn Sie mit keinem Lehrer zusammenarbeiten wollen, gibt es etliche YouTube Videos, die Ihnen mit geführten Meditationen helfen können. Je glücklicher, positiver und produktiver Ihre Visualisierungen sind, desto mehr werden Sie sich akzeptieren und lieben.

Das Ziel ist, unseren Geist zu leeren und dahin zu leiten, wo wir ihn haben wollen. Sie geben die Anleitung an Ihr Gehirn und lassen Ihre Vorstellung dahin wandern, wo sie will. Visualisierungen bieten fantastische Einblicke in Ihre Gedanken, basierend auf dem Bildmaterial, das Sie sehen.

Aktivieren Sie mehrfache Sinne während des Visualisierungs-
vorgangs. Stellen Sie sich nicht nur vor, wie Ihr Traumhaus aussieht, sondern auch, wie sich Ihr Sofa in Ihrem Traumhaus anfühlt. Was für Geräusche hören Sie in Ihrem Garten? Wie riecht
Ihr Traumhaus? Je detaillierter und genauer Ihre Visualisierungen sind, desto höher sind Ihre Chancen, diese Bilder zu verinnerlichen und Ihre Ziele zu erreichen. Ihr Gehirn erhält ständig
Nachrichten und erkennt den Unterschied nicht zwischen real
und vorgestellt. Machen Sie einen starken Eindruck, indem Sie
Ihre Visualisierungen so darstellend wie möglich gestalten.

Sagen wir z.B., dass Sie bei öffentlichen Reden gerne selbstbewusster auftreten möchten. Wenn Sie geführte oder auch andere Visualisierungsformen üben, üben Sie diese tiefgründig. Wie
sieht die Bühne aus, auf der Sie stehen? Wer ist Ihr Publikum?
Was tragen Sie? Wie sprechen Sie die Gruppe an? Wie hört sich
der Ton an? Wie ist Ihre Körpersprache? Wie reagiert das Publikum auf Sie? Wie gehen Sie mit den Fragen und Widerlegungen
um? Wenn Ihr Gehirn bestimmte und klare Signale erhält, werden Ihre Handlungen Hand in Hand mit den Signalen gehen.

Schatzkarte

Dies ist eine Visualisierungsmethode, die sich auf ein einziges
Ziel konzentriert. Bleiben wir bei dem Beispiel, dass Sie bei
öffentlichen Reden selbstbewusster auftreten wollen. Wenn
Sie ein klares Ziel im Kopf haben, fangen Sie an, alle beinhal-
teten Aspekte zu veranschaulichen. Sie können eine Skizze von
sich selbst zeichnen, einer Bühne oder was auch immer Sie mit

Ihrem Ziel assoziieren.

Gestalten Sie die Zeichnungen so detailliert und relevant wie möglich. Die Qualität der Zeichnung ist dabei unwichtig. Konzentrieren Sie sich auf Ihre Gefühle, **während Sie die Objekte zeichnen. Sie helfen Ihrem Geist damit,** den Weg zum Erfolg zu pflastern, während Sie üben, Ihre Pläne auszuarbeiten. Schalten Sie alle Ablenkungen aus und sitzen Sie in friedlicher Stille, während Sie die Schatzkartenmethode anwenden.

Abgewandelte Erinnerungsvisualisierung

Die abgewandelte Erinnerungsmethode konzentriert sich darauf, schmerzhafte Erinnerungen abzuwandeln, um uns von der Last zu befreien, die es uns verbietet, uns selbst zu lieben. Befreien Sie sich von Reue, Groll und Wut, indem Sie vor Ihrem inneren Auge unliebe Szenen der Vergangenheit abspielen. Der Trick dabei: Ersetzen Sie Ihre von Wut und Reue erfüllten Antworten mit sanfteren, ausgeglicheneren.

Es wird einiges an Aufwand kosten, Ihr Gehirn so zu überholen, dass alle negativen Reaktionen durch positive ersetzt werden. Aber wenn Sie diesen Vorgang einige Male wiederholt haben, wird Ihr Gehirn die „bearbeitete" Version abspulen. Die unangenehmen Erinnerungen werden mit der Zeit verblassen. Das wird Ihnen helfen, sich von störenden Erinnerungen zu befreien und mehr Platz für positive, selbstliebende Gedanken zu schaffen. Sie können diese und andere Visualisierungsmethoden mit Tagebuchführen zusammen praktizieren. Schreiben Sie

Ihre Gedanken, Gefühle und Reflektionen während Ihrer Visualisierungen auf und dokumentieren Sie, wie sie sich mit der Zeit ändern.

Kapitel 5: Leben Sie Ihre Leidenschaft

Können Sie sagen, dass Sie Ihr Leben lieben? Reizen Ihre Freizeitbeschäftigungen Sie? Jagen Sie nach Möglichkeiten, um Ihre Leidenschaften zu erfüllen? Die Mehrheit der Bevölkerung lebt nicht das Leben ihrer Träume. Sie leben ein Leben der Verzweiflung und des Zwangs, diktiert von den praktischen Grundbedürfnissen. Im Leben geht es darum, seiner Routine zu folgen, Status Quo zu kreieren. Die wenigsten haben das Selbstbewusstsein oder den Mut, ihrer Leidenschaft zu folgen, obwohl das der Schlüssel zu einem erfüllteren Leben ist, das in hoher Selbstliebe resultiert.

Strukturieren Sie Ihr Konzept vom Scheitern um

Der häufigste Grund, dass Menschen ihre Leidenschaft nicht ausleben, kann sich an einem festmachen lassen: Die Angst vorm Versagen. Einer der besten Wege, sich wieder selbst zu lieben ist, etwas zu tun, das man schon immer mal ausprobieren wollte. Ganz ohne sich von seiner eigenen Angst vorm Versagen zurückhalten zu lassen.

Das Umstrukturieren des Konzepts vom Scheitern, wie die Welt es kennt, wird Sie zu einem zufriedeneren und erfüllteren Leben führen. Sobald Sie verstehen, dass Scheitern subjektiv ist, werden Sie sich trauen, die Dinge zu verfolgen, für die Ihre Seele brennt. Für manche bedeutet Erfolg mehr Geld, für andere bedeutet es mehr bereichernde Erfahrungen.

Einige Menschen sehen es als Versagen an, wenn Sie Freiwilligeneinsätze quer über den Globus abwickeln oder Kindern in unterentwickelten Nationen Englisch beibringen. Aber für Sie ist es vielleicht das erfüllendste Gefühl der Welt. Das Umstrukturieren des Konzepts vom Scheitern ist notwendig, wenn es darum geht, Ihre Leidenschaft auszuleben und sich selbst zu lieben.

Begrüßen Sie Risiken und Ungewissheit mit offenen Armen

Der Weg zum Ausleben Ihrer Leidenschaft ist oftmals mit Risiken und Ungewissheit gepflastert. Sie müssen ins Unbekannte treten, ohne das Ergebnis Ihrer Entscheidung zu kennen. Dennoch, ohne berechnetes und gut geplantes Risiko können wir nicht viel Wachstum erwarten. Sie müssen sich an das Risiko und die Ungewissheit gewöhnen, um auf die Schnellstraße Ihres eigenen Potentials zu gelangen.

Folgen Sie Ihren kleinen Leidenschaften

Wenn es darum geht, Ihrer Leidenschaft zu folgen, müssen nicht immer lebensverändernde Entscheidungen getroffen werden. Sie können erst mal kleine Brötchen backen, indem Sie sich einen lang gehegten Wunsch erfüllen. Sie wollten zum Beispiel schon immer eine andere Sprache lernen oder Bauchtanz,

Singunterricht nehmen oder Meister der italienischen Küche werden. Es ist nie zu spät, diese Leidenschaften auszuleben. Nehmen Sie sich Zeit für diese Aktivitäten, um eine neue Welle von Positivität zu spüren. Wenn Sie die Dinge erlernen, die Sie schon immer lernen wollten, werden Sie von Stolz und einem Gefühl von Vollbringung erfüllt, was wiederum Wunder für Ihr Selbstbewusstsein bewirken kann.

Erweitern Sie Ihre gleichgesinnte Gemeinschaft

Wenn Sie Ihre Reise zur Erfüllung Ihrer Leidenschaften beginnen, werden Sie einige passionierte, enthusiastische Menschen treffen, die die gleichen Ziele teilen. Diese Menschen werden Teil einer starken Gemeinschaft, in der Sie sich gegenseitig unterstützen und aufbauen können. Sie erweitern Ihren Horizont, geben neue Denkanschübe und bieten kreative Lösungen an.

Das hilft Ihnen nicht nur, ein erfüllteres Leben für Sie selbst zu gestalten, sondern auch bei der Transformation in ein selbstsicheres, weiterentwickeltes und bewusstes Individuum.

Höheres Selbstbewusstsein

Wenn Sie Ihre Passion erkunden und jagen, lernen Sie eine Menge über sich selbst. Sie werden herausfinden, worin Sie besonders gut und was Ihre tiefsten Wünsche sind. Sie werden einen wahren Einblick in Ihre Persönlichkeit, Eignung, Intelligenz und Fähigkeiten bekommen. Wenn Sie sich von innen heraus kennen, ist es einfach, Ihre positiven Aspekte zu feiern und die negativen zu akzeptieren. Selbstbewusstsein steigert die Fähigkeit, sich selbst bedingungslos zu lieben.

Fordern Sie sich selbst heraus

Wann haben Sie sich das letzte Mal selbst herausgefordert, indem Sie Ihre Komfortzone verlassen haben? Wann haben Sie das letzte Mal etwas getan, wovor Sie Angst haben? Wann haben Sie das letzte Mal etwas erreicht, von dem Sie dachten, dass Sie es nie schaffen könnten?

Ihre Leidenschaft zu jagen bedeutet, sich selbst herauszufordern. Es erlaubt Ihnen, Ihr unbewusstes Potential auszuschöpfen. Wenn Sie etwas ausprobieren, zu dem Sie in der Vergangenheit nie den Mut hatten, schauen Sie Ihrer Angst direkt ins Gesicht. Sie beweisen sich selbst, dass Sie unbegrenzte Reserven an Mut in sich tragen. Das ist der ultimative Selbstliebebooster.

Werden Sie Teil einer Bewegung

Nur wenige Dinge im Leben haben denselben Feel-Good-Faktor wie einen Unterschied in den Leben anderer zu machen. Wenn Sie einem Individuum, das weniger Glück im Leben hat als Sie, helfen, kreieren Sie einen kraftvollen Kreis der Liebe. Unterstützen Sie eine Bewegung, die eine persönliche Bedeutung für Sie hat. Nehmen Sie sich die Zeit, diese Bewegung zu unterstützen, indem Sie Ideen beisteuern und somit das Leben anderer einfacher machen. Nichts ist so zufriedenstellend wie Ihre eigene Expertise einzusetzen, um anderen zu helfen.

Wenn Sie tief am Geben beteiligt sind, werden Ihre Selbstliebe-level in die Höhe schießen und Ihr Geist wird angehoben. Außerdem werden Sie dankbarer sein für die Gaben, die Sie bereits in Ihrem Leben haben und für alles, was Sie sind.

Kapitel 6: Lernen Sie, Nein zu sagen

Wie viele andere Menschen, die ein geringes Selbstbewusstsein haben, finden auch Sie es vielleicht schwer, Nein zu sagen. Ihre Unfähigkeit, Nein zu sagen, resultiert darin, dass andere Sie ausnutzen oder ihre Prioritäten vor Ihre setzen. Das führt oft dazu, dass Sie mehr Verantwortung annehmen, als Ihnen lieb ist, und Ja zu Aufgaben sagen, die Sie eigentlich gar nicht machen wollen.

Diese Aufgaben, die Sie mit Groll erfüllen, führen zu Gefühlen von Überwältigung, Angst und Burn-Out. Die aufsteigenden Gefühle von Depression, Wut und Unmut für sich selbst und andere kann ein großer Hieb sein, wenn es darum geht, sich selbst zu lieben. Lernen, Nein zu sagen, ist ein wichtiger Schritt auf Ihrer Reise zur Selbstliebe.

Verwechseln Sie Nein zu sagen nicht mit Egoismus

Nein zu sagen bedeutet nicht, dass Sie selbstsüchtig sind. Es bedeutet einfach, dass Sie sich selbst genug respektieren, um etwas abzulehnen, wozu Sie gerade nicht die Zeit oder Energie haben. Das kann z.B. bedeuten, nicht das Arbeitspensum Ihres Kollegen anzunehmen oder die Einladung zum Ausgehen mit Freunden nach einem langen Arbeitstag.

Wenn Sie zu allem Ja sagen, bedeutet das nicht, dass Sie selbstlos sind. Es bedeutet vielmehr, dass Sie andere Menschen Ihr Selbstbewusstsein unterdrücken lassen, indem Sie Ihnen erlauben, Ihren Wünschen gegenüber nur wenig Respekt zu zeigen.

Durchsetzungsfähigkeit ist nicht dasselbe wie Egoismus. Egoismus ist, wenn Sie sich und Ihre Bedürfnisse ständig über das anderer Menschen stellen. Durchsetzungsfähigkeit bedeutet, dass Sie nicht ständig dem Druck anderer nachgeben. Kreieren Sie eine Balance, in der Sie nicht hinten anstehen.

Keine Schuldgefühle für Ihre Prioritäten

Wenn Sie jemand bittet, etwas zu tun oder zu sagen, womit Sie nicht einverstanden sind, ist es Ihr absolutes Recht, dieser Person Ihre wahren Gefühle mitzuteilen - ohne ein schlechtes Gewissen zu haben. Wenn Sie keine Zeit haben, dann teilen Sie der betroffenen Person höflich mit, dass Ihre Zeit gerade knapp ist oder dass Sie etwas Wichtigeres zu tun haben. Das erlaubt Ihnen und anderen, Sie mehr zu akzeptieren und reduziert das Gefühl, dass andere Sie ausnutzen. Erklären Sie freundlich und höflich, dass die gefragte Aufgabe nicht Ihre Verantwortung ist und dass Sie bereits genug zu erledigen haben. Wenn Sie Nein sagen, zeigen Sie Bedeutung gegenüber Ihren Prioritäten und lassen sich nicht von anderen herumschubsen.

Verwenden Sie Verzögerungstaktiken

Wenn Sie nicht in der Lage sind, sofort Nein zu sagen, und Sie mehr Zeit brauchen, sagen Sie der betroffenen Person einfach, dass Sie später Bescheid geben. Das gibt Ihnen mehr Zeit, um über die Antwort nachzudenken. Wenn Sie der Person Bescheid geben (und es ist wichtig, dass Sie das selbstbewusst tun), geben Sie eine klare, deutliche Antwort. Sie können gut mit der Situation umgehen, ohne es den anderen immer recht zu machen.

Persönliche Grenzen sind notwendig, um sich selbst zu lieben

Persönliche Grenzen sind individuell. Daher nehmen viele Menschen an, dass wenn sie mit etwas kein Problem haben, dass auch Sie keins damit haben sollten. Diese Menschen sehen Ihre Akzeptanz als selbstverständlich an, basierend auf ihren Wertesystemen. Kreieren Sie Ihre persönlichen Grenzen und bleiben Sie Ihren Werten treu. Das ist einer der besten Wege, sich selbst Selbstliebe und Akzeptanz zu zeigen. Sie haben das Recht, zu allem, was gegen Ihre Moral spricht, Nein zu sagen, und Menschen sollten Ihre Ansichten respektieren.

Sie haben jedes Recht, alles was an Ihrer Energie zehrt oder Sie ablenkt, zu verweigern. Indem Sie bestimmte Grenzen setzen, zeigen Sie sich mehr Respekt für Ihre eigenen Bedürfnisse. Sie haben z.B. die Regel, dass Sie unter der Woche nicht Party machen gehen, damit Sie ausgeschlafen sind für die Arbeit am nächsten Tag. Ihre Freunde allerdings versuchen, Sie zu überreden, unter der Woche mit ihnen auszugehen, da ihre Prioritäten nicht darin liegen, ausgeschlafen auf der Arbeit zu erscheinen. Sie können das Angebot ausschlagen, denn Ihre Priorität liegt bei Ihrer Arbeit und Sie kennen Ihre persönlichen Grenzen.

Es funktioniert vielleicht nicht sofort

Sie finden es am Anfang vielleicht schwer, selbstbewusst Nein zu sagen. Besonders, wenn Sie sonst immer Ja sagen. Aber mit Geduld und Übung wird es Ihnen von Mal zu Mal leichter fallen. Ihr Selbstbewusstseinslevel wird in die Höhe schießen, was in höherer Selbstliebe resultiert.

Schauen Sie nicht zurück

Wenn Menschen, denen es schwerfällt, Nein zu sagen, eine selbstbewusstere Haltung einnehmen und Dinge verweigern, die ihnen nicht zusagen, dann überkommt sie oft ein Gefühl von Schuld. Anstatt sich schuldig zu fühlen, konzentrieren Sie sich auf die positiven Gefühle.

Fühlen Sie sich nicht weniger ausgelaugt, gestresst und belastet? Fühlen Sie sich nicht erleichtert, dass Sie mehr Zeit für produktive Aufgaben haben? Fokussieren Sie sich auf die positiven Gefühle und schieben Sie die negativen zur Seite. Anstatt über Ihre Entscheidung nachzudenken, Nein gesagt zu haben, akzeptieren Sie es und schreiten Sie voran.

Entfernen Sie sich von Menschen, die Sie nicht respektieren

Vermeiden Sie Menschen, die Ihnen und Ihren Prioritäten keinen Respekt zeigen, und die sie nur benutzen, um ihre eigenen Bedürfnisse zu stillen. Diese Menschen saugen nicht nur Ihre Energie, sondern auch an Ihrem Selbstbewusstsein. Ist Ihnen schon mal aufgefallen, dass sich manche Leute nur bei Ihnen melden, wenn sie etwas brauchen? Die Menschen, die nie ein Nein akzeptieren können? Und schlimmer noch, die Menschen, die versuchen, Sie emotional zu manipulieren. Sie brauchen diese Energiesauger nicht in Ihrem Leben.

Umgeben Sie sich stattdessen mit Menschen, die Ihre Gegenwart schätzen. Wenn Sie Menschen erlauben, Sie schlecht zu behandeln, zeigen Sie sich selbst wenig Respekt. Wenn Sie diesen Menschen gegenüber Ihre Meinung sagen und ihnen den Weg zur Tür weisen, erhöht sich automatisch auch Ihr Selbstliebequotient.

Kapitel 7: Unvergleichlich - Gegenüberstellung mit anderen war gestern

Der Vergleich mit anderen ist mittlerweile die Norm geworden - besonders seit dem Aufkommen der Social-Networking-Sites und der erhöhten Exposition gegenüber den digitalen Medien. Wir werden ständig mit Posts und Fotos bombardiert, die uns mitteilen, wo unsere Freunde auf Urlaub sind oder was für eine wunderbare Beziehung sie führen. Menschen werden Opfer von Selbstkritik und Vergleich, wenn sie beginnen, ihr Leben basierend auf den Leben anderer zu bewerten.

Wir fallen in den Zyklus des Vergleichens. Alles von unseren Noten und der Popularität bis hin zu sozialem Status ist für jedermann aufgrund der Medien und Social-Networking-Sites einsehbar. Unsere Leistungen erscheinen oft blasser im Vergleich zu dem, was andere erreicht haben, und wir scheinen nie gut genug zu sein, wenn es darum geht, wer am meisten Geld verdient oder am besten aussieht.

Wenn wir uns mit anderen vergleichen, tun wir das oft ohne einen festen Bezugspunkt. Wir sehen uns als Versager und das verstärkt den Mangel an Selbstbewusstsein. Unsere Handlungen werden direkt von den Gefühlen der Unzulänglichkeit beeinflusst.

Wenn wir uns vom Vergleich mit anderen abwenden, handeln wir mehr aus dem vorherrschenden Gefühl der Wertschätzung und Dankbarkeit für unsere Gaben, die unser Handeln positiver, dankbarer und produktiver gestalten. Wenn Sie sich auf das konzentrieren, was Sie nicht haben, zeigen Sie wenig Vertrauen in Ihre Fähigkeiten.

Vergleiche sind Energiesauger

Vergleiche sind Energiesauger und direkt mit Symptomen von Depression und Angst verbunden. Sie senken unsere produktive Energie, indem wir den Fokus von uns auf das verlagern, was andere tun und geschafft haben. Dies führt zu einem ungesunden Zyklus, in dem wir versuchen, dasselbe wie die anderen zu erreichen. Wenn wir bewusst das Muster des Vergleichens von unserem Leben mit dem anderer brechen, bauen wir eine größere Verbindung mit uns auf und konzentrieren uns darauf, unser wahres Potential zu verwirklichen. Dies beseitigt jegliche Gefühle, wir seien Versager, und stärkt unser Selbstvertrauen und Selbstwertgefühl.

Erkennen Sie Ihre Stärken und Schwächen

Anstatt sich der populären Wahrnehmung von Perfektion oder den von der Gesellschaft definierten Normen zu unterwerfen, kann Selbstliebe praktiziert werden, indem Sie Ihre individuellen Stärken und Schwächen anerkennen. Liebe oder Akzeptanz hat nichts mit dem perfekten Körper, hoher Intelligenz oder viel Geld zu tun. Es geht darum, zu wissen, dass niemand perfekt ist und wir alle Stärken haben, die wir feiern sollten, und Schwächen, die wir akzeptieren müssen.

Jeder Mensch kämpft mit seinen eigenen Dämonen und hat Sachen, die er liebend gerne an sich ändern würde. Wir sehen oft das Gute in anderen und ignorieren unsere eigenen Gaben, nach denen sich andere sehnen würden. Haben Sie je über die einzigartigen Fähigkeiten nachgedacht, die Sie besitzen, für die andere morden würden? Wenn wir uns mit anderen vergleichen, greifen wir oft Aspekte heraus, in denen uns die anderen weit überlegen sind. Sie können noch so viele Aspekte haben, in denen Sie der anderen Person überlegen sind, aber wir haben die Tendenz, die herauszupicken, die uns in einem weniger schmeichelhaften Licht zeigen.

Selbstliebe und Vertrauen kommen mit der Akzeptanz unserer Stärken und Schwächen. Ständig vergleichen wir uns mit anderen und egal, wie unwiderstehlich es auch erscheinen mag, der Vergleich indiziert nur ein Gefühl von Unzulänglichkeit und Negativität. Anstatt sein zu wollen wie die anderen, sollten wir uns darauf konzentrieren, unser größtes Potential zu erreichen. Manchmal sehen Sie nur die äußere Oberfläche von etwas, ohne die wahre Geschichte und den Kampf dahinter zu kennen.

Das Gleiche gilt für Sie - beschämen Sie niemanden

Genau wie Sie sich nicht durch den Vergleich mit anderen runterziehen lassen sollten, sollten Sie andere nicht durch den Vergleich mit Ihnen selbst beschämen. Eine der transparentesten

Reflektionen unseres Selbstbewusstseins, Selbstwertgefühls und der Selbstliebe ist die Art, wie wir andere behandeln. Wenn wir uns glücklich und zufrieden in unserer Haut fühlen, haben wir nicht das Bedürfnis, Menschen kleinzureden oder sie runterzuziehen.

Selbstbewusste Menschen freuen sich über die Erfolge anderer, motivieren sie und versuchen, eine kollaborative statt konkurrierende Basis mit anderen Menschen zu etablieren. Wir fühlen uns weniger unsicher oder von anderen bedroht, wenn wir von unseren Fähigkeiten überzeugt sind. Menschen mit einem gesunden Selbstbewusstsein fühlen nicht die Notwendigkeit, andere runterzuziehen, um sich selber gut zu fühlen.

Suchen Sie nach Inspiration - ohne Vergleich

Sie können immer zu anderen aufsehen, wenn es um Inspiration geht - ganz ohne Vergleiche. Stellen Sie Fragen an Personen, deren Arbeit Sie bewundern. Finden Sie ihre wirklichen Geschichten und Kämpfe heraus und lernen Sie von ihrer Reise, ohne sich mit ihnen zu vergleichen. Wenn Sie sich mit anderen vergleichen, ist es hilfreich, zu wissen, welche Vergleiche eine negative Selbstwahrnehmung bewirken und welche zu positiven Transformationen führen.

Dankbarkeit zeigen

Nichts fasst das Wort Dankbarkeit besser zusammen als dieses oft zitierte Zitat: „Ich weinte, weil ich keine Schuhe hatte, bis ich einen Mann traf, der keine Füße hatte." Wir neigen dazu, unsere

Energien darauf zu beschränken, uns über das zu beklagen, was uns fehlt. Dankbarkeit aber erlaubt Ihnen, dankbar für das zu sein, was Sie haben, anstatt über das traurig zu sein, was Sie noch nicht haben. Es erlaubt Ihnen, die Geschenke des Lebens zu sehen und zu schätzen und Ihre Energie darauf zu konzentrieren, was Sie haben und die anderen vielleicht nicht.

Anstatt sich wegen Dingen, die Sie erreichen wollen, inkompetent zu fühlen, versuchen Sie stattdessen ein Gefühl der Zufriedenheit und Erfüllung über die Gaben zu empfinden, die Ihnen verliehen wurden. Es erlaubt Ihnen, zu erkennen, dass Sie mit reichlich Güte gesegnet wurden und dass es noch zu mehr kommen kann. Dies hilft Ihnen, sich in einem positiven Licht zu sehen, und stärkt Selbstliebe.

Selbstvergleich

Seien Sie eine erstklassige Version von sich selbst anstatt eine zweitklassige Version von jemand anderem - haben Sie diesen Spruch nicht schon unzählige Male gehört? Streben Sie danach, stets die Superlative Ihres Selbst zu sein. Nicht nur für Sie selbst, sondern auch zur Bereicherung anderer Leben. Verpflichten Sie sich dazu, jeden Tag zu wachsen. Neue Fähigkeiten zu erlernen. Feiern Sie die kleinen Erfolge. Werden Sie nicht zum Opfer des Vergleichens mit anderen.

Ändern Sie Ihre Einstellung

Wenn Sie Unzulänglichkeit spüren, heraufgebracht durch Vergleich mit anderen, dann versuchen Sie, Ihre Einstellung zu ändern. Machen Sie einen langen Spaziergang. Gehen Sie zur lokalen Bibliothek oder besuchen Sie eine Kunstgalerie. Eine Veränderung unserer Umgebung resultiert oft in einer Veränderung unserer Gedanken und Wahrnehmung. Tun Sie etwas, das Ihre Seele bereichert, etwas, das Ihnen hilft, aus dem Zyklus der Negativität und des Vergleichens auszubrechen.

Wenn Sie sich aus einer Umgebung entfernen, die Vergleiche brütet, öffnen Sie sich selbst für mehr selbstnährende Erfahrungen. Manchmal ist alles, was wir brauchen, eine förderlichere Einstellung, um unsere Gedanken und Wahrnehmung zu verändern. Wir brauchen mehr positive Energie, um uns zu inspirieren und innerhalb unseres Potentials zu handeln. Haben wir nicht alle diesen Freund oder diesen einen Ort, den wir aufsuchen, wenn wir uns nicht gut und motivationslos fühlen?

Weniger Konkurrenz und mehr Zusammenarbeit

Im Leben geht es nicht immer darum, zu gewinnen oder zu verlieren. Wenn Sie sich von dem Gedanken befreien, dass es immer darum geht, zu gewinnen, werden Sie positiver sein und sich selbst akzeptieren. Menschen, die immer konkurrieren, erleben oft große Enttäuschungen, weil sie ständig versuchen, ihre Erwartung an sich selbst zu übertreffen. Das kann ein massiver Selbstliebedämpfer sein.

Es gibt Menschen, die eine überwältigende Notwendigkeit verspüren, unter allen Umständen gewinnen zu müssen, was zur Beschädigung des Selbstwertgefühls führt. Wenn wir uns von den Fesseln des Sieges befreien, werden Sie merken, dass es Wichtigeres in unserem und den Leben anderer gibt, das unser Sein bereichert und zu größerer Selbstliebe führt.

Leute, die kooperativ und nicht konkurrenzfähig sind, sehen das Gute im Menschen und bilden eine positive Umgebung. Die Erfüllung eines kollaborativen Ziels wird höher angesehen als einzelne Siege oder Leistungen. Solche Menschen bauen auf Vertrauen und Selbstbewusstsein und sehen andere nicht als potentielle Bedrohungen. Sie fördern die Beiträge anderer. Ändern Sie Ihre Einstellung von Wettbewerb auf Zusammenarbeit, um größere Positivität, Vertrauen und Selbstliebe zu erleben.

Vergleiche helfen Ihnen nicht, Ihre Ziele zu erreichen

Häufig beklagen wir uns darüber, dass jemand wohlhabender, besser aussehend oder beliebter ist als Sie. Dieses Verhalten ist sehr zeitraubend und unnütz. Wenn Sie ein Leben Ihrer Zeit führen wollen, würden Sie gut daran tun, sich auf Ihre Werte und Fähigkeiten zu konzentrieren.

Machen Sie eine Selbsteinschätzung, wenn Sie Ihre Ziele wirklich erreichen wollen. Wer wollen Sie sein? Welche Art von Beziehungen wollen Sie im Idealfall führen? Welche Erfahrungen, Belohnungen und Erfolge schätzen Sie am meisten? Wie möchten Sie, dass sich andere an Sie erinnern? Was sind die Dinge, die eine hohe Bedeutung in Ihrem Leben haben?

Verwenden Sie diese individuellen Werte als Maßstab für die Erfüllung Ihrer Ziele, anstatt die Leistungen anderer als Barometer zu verwenden, um ein Gefühl der Selbstliebe zu spüren. Wenn Sie Ihre eigenen einzigartigen Werte schätzen, die eine tiefe Bedeutung für Sie haben, feiern Sie sich selbst im Gegensatz zu einer Nachbildung von jemand anderem.

Halten Sie Ihre Ziele realistisch

Nun ja, Sie wollen vielleicht der nächste Präsident werden oder die Welt erobern, aber höchst unrealistische Ziele werden nur Ihre Suche nach Selbstliebe niederschlagen. Von Menschen, die Großes erreicht haben, inspiriert zu werden, ist wunderbar, aber Sie müssen sich Ihrer Stärken, Schwächen und Umstände bewusst sein, um Ihre Ziele zu erreichen und Enttäuschungen zu vermeiden.

Beginnen Sie mit kleinen und erreichbaren Zielen, anstatt mit überwältigenden, die Sie nicht verwirklichen können. Damit können Sie das Gefühl der Erfüllung genießen und es motiviert Sie, größere Ziele anzustreben. Wenn Sie mit kleinen Zielen positive Ergebnisse erreichen, werden Sie dadurch unweigerlich angetrieben, größere Ziele zu verfolgen.

Wenn Sie zu Beginn höchst unrealistische und große Ziele anstreben, fühlen Sie sich gestresst und belastet durch die geringe Aussicht, Ihr Ziel zu erreichen, was wiederum den Zyklus der Unzulänglichkeit fortsetzen wird.

Akzeptieren Sie Dinge, die nicht geändert werden können

Sie bewundern vielleicht das heißeste Supermodel des Jahres. Sie ist schön, groß und rundum vollkommen. Allerdings ist es töricht, an sich zu mäkeln, weil man selbst nicht so groß oder schön ist. Es gibt einige Dinge, wie unsere physische Erscheinung, die außerhalb unserer Kontrolle sind. Wir können es nicht ändern. Unrealistische Vergleiche bei Dingen, über die Sie absolut keine Kontrolle haben, sind zwecklos. Es gibt nichts, was Sie dagegen tun können. Wenn überhaupt, macht es uns nur mehr miserabel.

Anstatt sich auf sogenannte Fehler zu konzentrieren, die Sie nicht über sich selbst ändern können, warum konzentrieren Sie sich nicht auf Ihre Stärken oder positiven Aspekte?

Sich selbst zu lieben bedeutet, sich nicht in Sachen hineinzusteigern, die einfach nicht geändert werden können, und sich stattdessen darauf zu konzentrieren, was in unserer Kontrolle liegt. Sind Sie übergewichtig ohne einen medizinischen Grund? Nun, die gute Nachricht ist, Sie können das mit diszipliniertem Essen und einer konsequenten Sportroutine ändern. Konzentrieren Sie sich auf das, was Sie ändern können, und arbeiten Sie daran, diese Aspekte in Angriff zu nehmen.

Verstehen Sie, dass das, was Sie als Fehler ansehen, oft eine Tugend für jemand anders sein kann? Während Sie morden würden, um Ihre Hautfarbe aufzuhellen, würde jemand anders für einen alljährlichen dunklen Teint morden. Es gibt kein universelles Gut oder Schlecht. Wenn wir Vergleiche ziehen, vergessen wir, Dinge subjektiv zu betrachten. Sogar Ihre sogenannten Mängel tragen zu Ihrer Einzigartigkeit bei. Sie machen Sie besonders.

Akzeptieren Sie Komplimente mit Anmut

Wie oft haben Sie jemandem ein Kompliment gemacht, nur um von der Person zu hören, dass sie nicht so gut wie xx oder yy ist? Nervt es Sie nicht auch, wenn die Menschen so selbstkritisch sind? Wenn Ihnen jemand ein aufrichtiges Kompliment gibt, nehmen Sie es herzlich an, anstatt es beiseite zu bürsten.

Das nächste Mal, wenn Ihnen jemand ein Kompliment macht, vermeiden Sie es, das Kompliment zu beurteilen oder zu bewerten oder sogar etwas Selbstkritisches über sich zu sagen. Wenn jemand sagt, dass Sie fabelhaft sind, glauben Sie der Person, dass Sie fabelhaft sind.

Schmälern Sie sich nicht selbst oder verzichten auf das Kompliment, nur weil Ihnen der Gedanke, fabelhaft zu sein, unbehaglich ist. Nehmen Sie das Kompliment anmutig an und stehen Sie zu sich selbst. Das hilft Ihnen, sich noch mehr zu schätzen, zu respektieren und zu lieben.

Bauen Sie ein positives und anspornendes Netzwerk

Erstellen Sie ein ermutigendes und positives Unterstützungsnetzwerk mit Menschen, die Sie motivieren, Ihr vollstes Potential auszuleben, anstatt mit denen, die Sie runterziehen, indem sie sich ständig mit Ihnen und anderen vergleichen. Unfaire Vergleiche durch andere können ein großer Schlag für Ihr Selbstvertrauen und die Selbstliebe sein.

Wir haben alle sogenannte Wohltäter, die immer „gut gemeinte" Ratschläge verteilen, die aber immer den gegenteiligen Effekt haben. Sie wollen nicht immer gesagt bekommen, was Sie hätten tun sollen anstatt dem, was Sie tatsächlich getan haben.

Die Energie der Menschen, mit denen Sie ständig interagieren, ist ansteckend. Bewusst oder unbewusst beginnen Sie, so wie Ihr Gegenüber zu denken, fühlen und sich zu verhalten. Wenn Sie mit einer positiven Gruppe von Menschen interagieren, wird Ihre Denkweise in die positive Spur umgeleitet. Sie beginnen, an Möglichkeiten zu denken statt an Hindernisse. Sie werden mächtigen und inspirierenden Ideen vorgestellt.

Oft sind die Menschen, die versuchen, Sie zu entmutigen, diejenigen, die unter einem geringen Selbstwertgefühl und Mangel an Vertrauen an sich selbst leiden. Sie glauben nicht, dass sie etwas erreichen können, und denken daher, dass das auch für Sie unmöglich ist. Wenn die Menschen sich nicht selbst in der Lage sehen, ein Ziel zu erreichen, werden sie ihr Bestes tun, um andere Menschen daran zu hindern, ihre Ziele zu verfolgen. Lassen Sie Ihre Handlungen nicht durch ihre Negativität geführt werden.

Beschränken Sie Ihre Interaktion mit solchen Leuten auf ein Minimum und umgeben Sie sich mit selbstbewussten, unterstützenden und positiven Menschen, die Sie zielorientiert fördern.

Kapitel 8: Positives Denken und Selbstgespräche

Wir reden mit uns selbst mehr, als wir mit anderen sprechen, auch wenn es erst mal nicht sehr offensichtlich scheint. Es gibt immer einiges an innerem Geschwätz und Konversation in unserem Geist - so wie die unterhaltsamen Gedankenblasen in Comics. Dies geschieht so unbewusst, dass wir es meistens gar nicht merken, dass wir tatsächlich mit uns selbst sprechen. Einer der negativsten Aspekte dieser Selbstgespräche ist, dass sie eher dazu neigen, mehr auf die negative Selbstkritik als auf Positives zu verweisen.

Wir denken z.B. auf Partys darüber nach, ob unsere Kleidung oder unser Aussehen zu den anderen gut gekleideten Gästen passt oder dass wir nicht so beliebt sind wie unser bester Freund in der Schule oder nie eine Aufgabe so gut wie unser Kollege abschließen können. Diese negativen Gedanken und das selbstkritische Selbstgespräch ziehen unseren Geist oft runter und verhindern, dass wir uns auf unsere positiven Aspekte konzentrieren.

Die innere Stimme hat eine riesige Bedeutung, wer Sie sein werden, und die Art und Weise, wie Sie Ihr Leben leben. Obwohl wir es nicht bewusst wahrnehmen, hebt das positive Selbstgespräch unseren Geist sofort an, stärkt das Vertrauen und hält uns körperlich und emotional fit.

Negative Selbstgespräche entwickeln ein Muster

Wenn sich unser geistiges Geschwätz um Beschwerden, Kritik, Jammern und die Angst dreht, nicht gut genug zu sein, wird ein schädliches Muster geschaffen. Die negativen Gedanken erreichen unser Unterbewusstsein und beginnen, uns zu beeinflussen, um mit mehr Stress, Schuldgefühlen und Schmerzen umzugehen. Das behindert natürlich unsere Suche nach Selbstliebe und Selbstwertgefühl. Unsere Handlungen sind eng mit unseren Gedanken verbunden, und ein negatives Selbstgespräch beeinträchtigt uns nur dabei, unsere Ziele zu erreichen und ein erfülltes Leben zu leben.

Positive Selbstgespräche transformieren die Weise, wie Sie sich selbst wahrnehmen

Wenn Sie sich ständig von den positiven Aspekten Ihres Ichs erzählen oder wie wunderbar Sie sind, werden Sie Ihre Ansichtsweise verändern. Ihre Selbstwahrnehmung kann eine dramatische Veränderung erfahren, wenn Sie über sich selbst positiv denken und sich dem positiven Selbstgespräch hingeben. Die negativen Elemente in Ihrem Leben werden allmählich abnehmen. Positives Selbstgespräch kann Sie dazu befähigen, Ihr Leben zu verändern, und Ihnen ermöglichen, größere Selbstliebe zu erfahren.

Beginnen Sie damit, Ihrer eigenen Stimme zuzuhören

Sobald Sie anfangen, bewusst zu beachten, was Sie sich selber erzählen, können Sie Ihre Gedanken und Selbstgesprächsmuster identifizieren. Wenn Sie sich immer mit anderen vergleichen oder darüber reden, nicht gut genug zu sein oder nie etwas zu tun, ist es an der Zeit, den Ton Ihrer inneren Stimme bewusst zu verbessern. Eine der besten Möglichkeiten, dies zu tun, ist, sich täglich eine Auszeit zu nehmen, um Ihre vorherrschenden Gedanken zu hören und sie aufzuschreiben.

Ändern Sie **Ihr Selbstgespräch**

Negative Selbstgespräche durch positive zu ersetzen ist nicht allzu schwierig, sobald Sie in die Gewohnheit kommen, Ihre Gedanken zu kontrollieren. Zum Beispiel jedes Mal, wenn Sie denken, dass Sie nie in der Lage sein werden, eine bestimmte Aufgabe zu meistern, dann ändern Sie Ihren Gedankenfokus und überlegen stattdessen, was Sie tun können, um die Aufgabe zu erfüllen. Vermeiden Sie negative und definitive Wörter. Suchen Sie nach Lösungen, die offen sind und Ihnen helfen, eine positive Torsion zu einer scheinbar unmöglichen Situation hinzuzufügen. Sie werden überrascht sein, was Sie mit dieser einfachen Gewohnheit erreichen können.

Das häufigste negative Selbstgespräch ist, wenn Sie sich sagen, dass Sie etwas nicht können. Wenn Sie denken, dass Sie etwas nicht können oder etwas unmöglich ist, kreieren Sie eine geistige Blockade, die Sie von der Erfüllung der Aufgabe, die

Sie sonst erfolgreich meistern könnten, abhält. Konzentrieren Sie sich in Ihren Selbstgesprächen auf Optionen, Lösungen und Möglichkeiten.

Positive Affirmationen

Affirmationen sind positive Aussagen, die Sie wiederholen, um ein gewünschtes Ergebnis zu erzielen. Sie sind in der Regel kurz, konzentriert und praktisch. Wenn Sie diese Anweisungen mehrmals wiederholen, kreieren Sie einen Pfad zu Ihrem Unterbewusstsein. Dies eröffnet wiederum die Möglichkeit, neue Gedanken und Handlungen auszuleben, die von diesen Gedanken geleitet werden.

Einer der wichtigsten Aspekte von positiven Affirmationen ist, dass sie laut ausgesprochen mit den richtigen Gefühlen verinnerlicht werden müssen. Sie können es nicht einfach in einem toten Ton ablesen, ohne es zu fühlen. Wenn Sie Ihre Affirmationen mit vollkommenem Glauben aufsagen, dann werden diese direkt an unser Unterbewusstsein weitergeleitet. Unser Geist wird von den positiven Affirmationen geführt und erlaubt uns daher, mit ihnen im Einklang zu arbeiten.

Wenn Sie den Prozess der positiven Affirmationen beginnen, sind Sie wahrscheinlich erst mal skeptisch. Sobald Sie sich jedoch daran gewöhnen, Ihre Affirmationen jeden Tag laut zu wiederholen, wandelt sich die Negativität in Glauben an sich selbst um.

Entfernen Sie negative Einflüsse um Sie herum

Manchmal zwingen uns die Einflüsse um uns herum, unsere Gedanken auf eine bestimmte Weise zu lenken. Wenn es zu viele negative Einflüsse in Ihrem Leben gibt, neigen Ihre Gedanken dazu, giftiger und erniedrigend zu sein. Bewusst oder unbewusst beginnen wir, wie die Menschen um uns herum zu denken. Wir beginnen, ihre gefährlich negativen Muster anzunehmen. Das können Ihre Familienmitglieder oder enge Freunde oder Kollegen sein.

Sobald Sie die negativen Einflüsse identifizieren, begrenzen Sie den Kontakt mit den giftigen Personen. Vermeiden Sie es, Ihre Träume oder Pläne und Ziele mit Menschen zu teilen, die immer unsicher sind und Ihre Ziele kritisieren. Umgeben Sie sich stattdessen mit Menschen, die Ihnen mit ihrer Positivität Flügel verleihen. Sie werden die Vorboten von positiven Gedanken und Handlungen in Ihrem Leben sein, was wiederum die Art und Weise beeinflusst, wie Sie über sich selbst denken und fühlen.

Sprechen Sie in der Gegenwart

Erstellen Sie Ihre Nachricht im Präsens, um sich von der Angst zu befreien, was in der Zukunft passieren wird. Das liegt nicht in Ihrer Kontrolle. Allerdings haben Sie die Kontrolle über Ihre derzeitigen Handlungen und sich darauf zu konzentrieren, wird es Ihnen ermöglichen, sich weniger überwältigt und positiver zu fühlen. Konzentrieren Sie sich auf Aktionen und Schritte, die

Sie heute treffen können, um die Zukunft Ihrer Träume zu bauen.

Ändern Sie Gedanken von dem „was, wenn ich meine Ziele in der Zukunft nicht erreichen kann?" zu „was kann ich heute tun, das mir helfen wird, meine Träume in der Zukunft zu verwirklichen?" oder „was macht es mir leichter, meine Träume zu verwirklichen?". Ihre gegenwärtigen Gedanken und Handlungen bestimmen Ihre zukünftigen Träume. So ändern Sie langsam Ihre Gedanken von stressig und ängstlich zu kontrolliert, positiv und überschaubar.

Der Spiegel ist Ihr bester Freund

Wenn Sie die Wirkung Ihrer positiven Selbstgespräche und Affirmationen noch weiter erhöhen wollen, stellen Sie sich vor den Spiegel, wenn Sie es sagen. Top Selbstentwicklungs-Coaches haben Studien entwickelt, die beweisen, dass der Prozess der Verinnerlichung einfacher wird, wenn wir uns selber sehen, während wir die positiven Affirmationen wiederholen. Wir fühlen uns stärker mit uns verbunden, wenn wir unsere Äußerungen, Gesten, Augen und die gesamte Körpersprache betrachten.

Sie wissen genau, wie Sie sich fühlen und was los ist in Ihrem Körper, wenn Sie stark und positiv über etwas denken. Der Prozess der Internalisierung dieser Gefühle ist schneller und effektiver, wenn Sie tatsächlich sehen, was Sie tun. Jedes kleine Detail, wie das Betrachten des Mundes, der sich mit positiven

Tonschwingungen bewegt, um sich Ihren positiven Ausdrücken anzupassen, kann eine bereichernde Selbstliebeserfahrung sein.

Ihre beste Cheerleaderin sind Sie selbst

Selbst wenn die anderen um Sie herum Ihren Fähigkeiten weder ermutigend noch zweifelhaft gegenüberstehen, denken Sie daran, dass niemand Sie so gut kennt wie Sie selbst und Sie damit am besten geeignet sind, Ihre Cheerleaderin zu sein. Wenn Sie sich auf eine anspruchsvolle Situation vorbereiten, gönnen Sie sich ein wenig Selbst-Pep-Talk. Sagen Sie sich, dass keine Situation größer ist als Ihre Fähigkeit, die Situation zu meistern. Drücken Sie implizites Vertrauen in Ihre Fähigkeiten durch Ihre Worte, Gedanken und Handlungen aus.

Beschränken Sie sich nicht nur auf scheinbar große Aufgaben und Leistungen. Klopfen Sie sich für jede kleine Leistung selbst auf den Rücken, denn diese wiederum erhöhen Ihr Vertrauen und ermöglicht Ihnen, größere Ziele in Angriff zu nehmen. Sagen Sie sich, dass Sie Ihr Bestes gegeben haben, auch wenn Sie nicht Ihre eigenen Erwartungen übertreffen.

Loben Sie sich jedes Mal, wenn Sie etwas geschafft haben, so klein es auch scheint. Zum Beispiel haben Sie ein Projekt vor der Frist eingereicht oder sind akkurat mit einem wütenden Kunden umgegangen. Diese scheinbar winzigen Dinge addieren sich zu unserer Selbstwahrnehmung und verwandeln sich unweigerlich in größere Selbstliebe. Eine weitere wunderbare Sache, die Sie tun können, ist, sich spürbar (mit Ihrem Lieblingseis, Schokolade, einem Buch oder Kaffee) für jede Leistung zu belohnen. Dadurch können unsere Selbstgenehmigungsgedanken direkt mit konkreten Vorteilen verknüpft werden, die Wunder für unser Selbstwertgefühl und die Selbstliebe wirken.

Lieben Sie sich bedingungslos

Lassen Sie uns die universelle Tatsache, dass wir alle Fehler machen, akzeptieren. Das heißt aber nicht, dass wir mit der Schuld, dem Schmerz und der Last unserer vergangenen Fehler leben müssen und unsere Gedanken darauf konzentrieren sollten. Wir sollten uns bemühen, uns stetig zu verbessern; aber unsere Selbstliebe sollte nicht mit einer Liste von Voraussetzungen kommen, die erfüllt werden müssen, um uns selbst zu lieben. Es ist wichtig, sich selbst für die Liebe zu lieben. Nur dann können Sie die Person werden, die Sie sein wollen. Fokussieren Sie Ihr Selbstgespräch auf Ihre Einzigartigkeit, die feineren Aspekte Ihrer Persönlichkeit, die Charaktereigenschaften, wegen derer Sie sich selbst bewundern und alles, was Sie als Person ausmacht.

Je mehr Selbstliebe und Selbstgenehmigung Sie erleben, desto mehr bereichert wird sich Ihr Leben anfühlen. Machen Sie positives Selbstgespräch zu Ihrer zweiten Natur.

Sehen Sie das Gesamtbild

Manchmal sind die Menschen so auf die kleinsten Probleme fixiert, dass sie vergessen, ihre Energien auf das größere Bild zu lenken. Lassen Sie Ihre positiven Selbstgespräche das Gesamtbild Ihres Lebens zeichnen, anstatt sich von den temporären negativen Fesseln blockieren zu lassen. Stresst es Sie, in einem Stau zu stehen, über den Sie absolut keine Kontrolle haben? Wie sieht's mit einem Jobverlust aus? Wäre es wirklich das Ende der Welt?

Vorübergehende Rückschläge lenken Sie vom größeren Bild ab, indem Sie Ihre Energien auf die aktuelle Negativität fokussieren und sich nicht positiv auf die Zukunft konzentrieren. Wenn Sie Ihre Augen fest auf die Zukunft gerichtet haben, führen Sie keine negativen Selbstgespräche über die Gegenwart. Zum Beispiel kann eine Person, die regelmäßig positive Selbstgespräche führt, den Verlust ihrer Arbeitsstelle engagiert als einen verkleideten Segen sehen. Sie sehen es vielleicht als eine Chance für neue Möglichkeiten.

Zeigen Sie sich etwas Mitgefühl

Wie behandeln Sie einen Freund, der eine stressige Zeit in seinem Leben durchmacht? Mahnen und kritisieren Sie ihn oder behandeln Sie ihn mit Güte und versichern ihm, dass es bald wieder gut sein wird? Warum ist es so schwierig, sich ähnliches Mitgefühl zu zeigen? Was sagen Sie zu einem geliebten Menschen, der in einer schwierigen Situation steckt? Zeigen Sie sich die gleiche Liebe. Beim Selbstwertgefühl aufbauen und sich selbst zu lieben geht es um die Stärkung Ihres Glaubens an sich. Wenn Sie freundlich mit sich selbst umgehen, geben Sie sich selbst das Vertrauen, über die Situation hinwegzukommen. Sie geben sich die mentale Kraft, die Situation zu überwinden.

Positive Selbstkritik

Das Ziel der Selbstkritik ist nicht, sich niederzumachen, indem Sie Ihre Schwächen betonen, sondern sich voll und ganz Ihrer Stärken und Schwächen bewusst zu sein. Wenn wir eine Bestandsaufnahme Ihrer Grenzen und Tugenden machen, gewinnen wir ein größeres Bewusstsein für uns. Positive Selbstkritik hilft uns, unsere Grenzen zu akzeptieren und um sie herum zu arbeiten, indem wir unsere positiven Seiten hervorheben.

Selbstkritik muss nicht immer sein, wie schlecht Sie die Aufgabe durchgeführt haben oder dass Sie nie so gut wie die anderen sind. Es geht darum, tiefere Einblicke in sich selbst zu gewinnen und die positiven Aspekte zu bestimmen, die Ihnen helfen, das Leben Ihrer Träume zu leben und die Selbstliebe zu erleichtern. Bei der Selbstkritik geht es um das Formen Ihrer Persönlichkeit in einer Weise, die das Erreichen Ihrer Ziele erleichtert. Es bedeutet auch, an jenen Aspekten zu arbeiten, die Ihre Zielerfüllung behindern können.

Wann immer Sie ein selbstkritisches Gespräch mit sich selbst halten, halten Sie es ausgewogen und positiv. Denken Sie darüber nach, wie Sie an Ihren Schwächen arbeiten können und ersetzen Sie sie mit Ihren positiven Seiten, anstatt ständig darüber nachzudenken, wie schlecht Sie sind. Alles, was Sie brauchen, ist eine Verschiebung von Worten und Wahrnehmung. Wenn Sie die Betonung von „ich bin nicht gut genug, um dies zu tun" zu „wie kann ich meine positiven Aspekte verwenden, um dies zu erreichen" schieben, kann es zu einer Änderung kommen, die Ihnen hilft, sich der Aufgabe zu nähern.

Seien Sie keine Heulsuse

So einfach es ist, ständig zu klagen und über Dinge zu jammern, so schädlich kann es für unseren Selbstliebeprozess sein. Verstehen Sie, dass jeder seine Grenzen und Probleme hat, die mit Geduld und Positivität angepackt werden müssen.

Fallen Sie nicht in die Opferfalle, in der Sie auf alles reagieren, was in Ihrem Leben passiert. Auf diese Weise haben Sie wenig Kontrolle über Ihr Leben und fühlen sich eher erledigt. Seien Sie proaktiv im Umgang mit einer schwierigen Situation, indem Sie sich selbst sagen, wie Sie das Problem überwinden können. Dies kann Ihr Vertrauen steigern und Sie sich selbst lieben lassen, sogar nach einer schmerzhaften Phase. Der Opferkomplex, bei dem wir alles von unserer Kindheit bis hin zu unserem Umfeld und unser Schicksal beschuldigen, lässt ein Gefühl von Hilflosigkeit in uns entstehen. Wir fühlen uns nicht in der Kontrolle über das, was mit uns geschieht, und das wiederum schädigt unser Selbstwertgefühl. Auf der anderen Seite kann uns die Zueigenmachung unseres Handelns und die Kontrolle über unsere Reaktionen auf bestimmte Situationen im Leben zu einer stärkeren und selbstliebenden Person machen.

Kapitel 9: Durch Selbstvergebung zur Selbstliebe

Selbstvergebung ist gleichbedeutend damit, sich wieder zu lieben. Wenn Sie sich von dem Zyklus des Bedauerns und der Schuld befreien, fangen Sie an, sich bedingungslos zu lieben. Vergebung ist grundlegend für unsere physische und psychologische Heilung.

Wenn wir unser Handeln vergeben, ebnen wir den Weg für eine vollständige Selbstakzeptanz, die uns dazu bringt, uns für alles zu lieben, was wir sind. Das ist wichtig für unser gesamtes Wohlbefinden. Wie oft haben Sie mit Schuldgefühlen, Bedauern, Sorgen und anderen negativen Emotionen gekämpft, wegen Dingen, von denen Sie glauben, dass sie nicht passieren hätten dürfen? Viel zu viele, um sie zu zählen, nicht wahr? Manchmal sind wir so hart zu uns, dass wir nicht daran glauben, uns selbst vergeben zu dürfen. Das bedeutet, dass sich eine gewisse Selbstverachtung oder Selbsthass ausbreitet, der uns daran hindert, unser Unrecht zu akzeptieren und weiterzumachen. Der Selbsthass manifestiert sich in unseren Beziehungen.

Wenn wir Selbsthass zeigen, reflektiert es, wie wir anderen erlauben, uns zu behandeln. Es gibt ein giftiges Muster, das uns glauben lässt, dass wir die guten Dinge im Leben nicht verdienen. Indem wir uns schlecht von anderen behandeln lassen, zeigen wir uns selbst wenig Respekt. Das führt dazu, dass wir alle Türen zu einem Leben voller Glück und Liebe schließen.

Verzeihen Sie vergangene Fehler

Verzeihen Sie Fehler der Vergangenheit und lernen Sie stattdessen aus ihnen. Das ist der Schlüssel zur Selbstvergebung. Während Sie aus diesen Fehlern lernen sollten, ist es sinnlos, sich für den Rest Ihres Lebens dafür zu bestrafen. Kopf hoch und weiter. Lassen Sie sich nicht von den enormen Gefühlen aus Wut, Reue, Scham und Schuld verzehren. Fokussieren Sie sich darauf, wie Sie vorankommen können, um das Leben Ihrer Träume zu leben. Was kann in Ihrer Gegenwart getan werden, das Ihnen hilft, eine lohnende und erfüllende Zukunft zu kreieren?

Sagen Sie sich, dass die Vergangenheit abgeschlossen ist und nichts getan werden kann, um es jetzt zu ändern. Daher ist es sinnlos, darüber zu sinnieren. Wenn Sie etwas nicht ändern können, ist es besser, sich auf Dinge zu konzentrieren, die innerhalb Ihrer Kontrolle liegen. Geben Sie Ihrer Zukunft eine reale Chance, indem Sie die Gegenwart nicht durch vergangene Handlungen oder Ereignisse belasten.

Verzeihen Sie Menschen

Manchmal sind wir so überwältigt von unserer Vergangenheit, dass wir uns von Menschen abwenden und diesen Groll ein Leben lang in uns haben. Sobald Sie lernen, anderen zu vergeben und die belasteten Gefühle loszulassen, wird die Selbstvergebung leichter. Sie befreien sich von überwältigenden Gefühlen der Schuld und Scham, die den Prozess für die Vergebung und Annahme Ihrer selbst weniger anspruchsvoll macht.

Wenn Sie sich Menschen gegenüber öffnen, agieren Sie von einem Ort der Liebe, der Heilung und des Glaubens. Sie erneuern Ihr Vertrauen in die Vergebung und behandeln andere und sich mit Mitgefühl, Unterstützung und Empathie. Das erleichtert die Selbstvergebung.

Wenn wir Groll gegen die Menschen hegen, die uns Unrecht getan haben, sind wir gefangen im Geist des Hasses. Dies verhindert, dass wir akzeptieren, was passiert ist, und erschwert es, nach vorne zu schauen. Es hält uns davon ab, die Situation zu überwinden und uns wieder zu lieben.

Geben Sie sich nicht für alles die Schuld

Oftmals lässt unser geringes Selbstwertgefühl uns selber die Schuld für alles geben, was in unserem Leben passiert. Sie können ein Opfer von körperlichem Missbrauch sein und tatsächlich glauben, dass Sie es verdienen oder dass Ihre Handlungen der Auslöser waren. Eine Person, die sich selber kaum liebt, kann sich selbst für den Ehebruch ihres Partners verantwortlich halten.

Opfer von sexuellen Verbrechen leben ständig mit Scham, Wut und Schuld gegenüber sich selbst. Oft halten sie sich für selbst für das Verbrechen verantwortlich. Dies kann in hohem Maß kontraproduktiv für das Streben sein, sich wieder selbst zu lieben.

Besetzt zu sein von Gefühlen der Minderwertigkeit und der irrationalen Schuld wird Ihr Selbstwertgefühl erniedrigen und Sie daran hindern, sich selbst zu lieben. Sagen Sie sich, dass es nicht Ihre Schuld ist, dass Sie das Opfer eines unglücklichen Ereignisses waren. Konzentrieren Sie sich auf die positiven Gefühle der Überwindung Ihrer Situation und darauf, anderen in einer ähnlichen Situation zu helfen.

Menschen, die mit einem niedrigen Selbstwertgefühl und Selbstvertrauen kämpfen, werden oft zu Opfern des Selbstschuldspiels. Sie haben eine Tendenz dazu, sich von Menschen schlecht behandeln zu lassen, und geben sich selbst die Schuld dafür. Befreien Sie sich von dieser Tendenz, wenn Sie sich wirklich lieben wollen.

Reden Sie mit einem Profi

Es kann sein, dass der Prozess der Selbstheilung nicht so einfach ist, wie es klingt, vor allem, wenn Sie eine sehr traumatische Phase durchlebt haben. Wenn Sie es schwer finden, Gefühle von Bedauern, Scham und Schmerzen zu verarbeiten, sprechen Sie mit einem professionellen Berater oder Therapeuten. Diese können effektive Techniken und Selbstvergebungsprogramme wie Verhaltenstherapie, Medikamente und mehr empfehlen, um an die Wurzel des Problems zu kommen.

Der Prozess gibt Ihnen bessere Einblicke darüber, was Sie zurückhält und Ihnen dabei helfen kann, die Negativität loszulassen, um mehr Positivität in Ihrem Leben zu entfalten. Professionelle Therapeuten können Ihnen helfen, die Situation mit größerer Objektivität zu betrachten, was Sie direkt auf den Weg der Selbstvergebung bringt.

Akzeptieren Sie den Fehler und machen Sie weiter

Es ist wichtig zu akzeptieren, dass Misserfolg Sie nicht zu einer schlechten Person macht. Es bestätigt nur die Tatsache, dass Sie etwas versucht haben. Die ständige Überwindung von Gefühlen des Versagens hindert uns daran, aus dem Scheitern heraus zu wachsen und sich dem Aufbau eines neuen Lebens zu nähern. Scheitern ist sicherlich nicht das Ende der Straße. Wenn überhaupt zeigt es Ihnen, welche Wege zu vermeiden sind. Sie lernen, Dinge anders zu tun, und sind weiser und erfahrener, als Sie am Anfang waren.

Stehen Sie über vorübergehenden Rückschlägen. Wenn Sie den Fokus Ihres Lebens auf Misserfolge setzen, geben Sie sich nicht die Chance, das zu erreichen, wozu Sie fähig sind. Denken Sie darüber nach – wenn er aufgegeben hätte, nachdem er mehrere Male versagt hat, wäre Thomas Edison nicht zu einem der produktivsten Innovatoren und Erfinder der Welt geworden.

Ausfälle sind jene Sprungbretter zum Erfolg, die uns helfen, unserem größtmöglichen Potential näher zu kommen, wenn wir uns wagen, etwas zu versuchen. Machen Sie sich Ihre

Misserfolge zu eigen und lernen Sie, immer weiterzumachen, indem Sie Wertschätzung für Ihren Willen und Mühe zeigen. Das ist der Weg zu einer produktiven, positiven und zielorientierten Einstellung.

Haben Sie den Mut und den Willen, von vorne anzufangen. Möglicherweise müssen Sie alles von Grund auf neu beginnen. Es wird nicht einfach sein, aber es kann sich lohnen, wenn es um die Umgestaltung Ihres Lebens geht. Sie werden allmählich lernen, die Fehler Ihrer Vergangenheit zu akzeptieren.

Kapitel 10: Verbessern Sie Ihr Eigenbild

Wie sehen Sie sich in einer Welt, die von Oberflächlichkeit und Konsumismus besessen ist? Die Medien- und Handelswelt verbreitet ständig die Idee von Perfektion in Bezug auf Aussehen, Geld, Lebensstil und Beziehungen. Wir sind immer von dem Gefühl umgeben, dass wir nicht gutaussehend oder reich genug sind, und diese Gefühle rufen Unmut auf.

Unsere Suche nach der populären Vorstellung von Perfektion zerstört oft unsere Einzigartigkeit, was wiederum verhindert, dass wir uns bedingungslos akzeptieren und lieben. Ihr Selbstbild ist, wie Sie sich sehen und wahrnehmen. Was sind Ihre ehrlichsten Meinungen über sich selbst? Sie können die Verschiebung von einem negativen Selbstbild zu einem positiven erreichen, und zwar in einer gesunden und produktiven Art und Weise, indem Sie diese einfach zu befolgenden, aber supereffektiven Tipps beachten.

Wie wir uns selbst sehen, bestimmt, wie andere uns sehen. Leute behandeln Sie stets in derselben Weise, wie Sie sich auch selbst behandeln. Wenn Sie sich gegenüber mehr Respekt zeigen, indem Sie sich selbstbewusst geben, ist es wahrscheinlicher, dass die anderen Sie mehr wertschätzen. Auf der anderen Seite werden Menschen, die sich selbst schlecht behandeln und sich gegenüber wenig Selbstrespekt zeigen, auch von anderen misshandelt.

Entwerfen Sie eine Selbstfürsorgeroutine

In unserem geschäftigen Leben und Bestreben, sich um andere zu kümmern, neigen wir oft dazu, uns selbst zu vernachlässigen oder auf eine konsistente Selbstpflegeroutine zu verzichten. Wenn die Zeit knapp ist, sparen wir zuerst an uns. Auch wenn es wie eine Herausforderung scheint, verpflichten Sie sich zu einer gesunden, regelmäßigen und ganzheitlichen Selbstfürsorgeroutine. Sie werden sich nicht nur aktiver und positiv fühlen, sondern auch Ihre Seele nähren.

Gehen Sie täglich spazieren. Genießen Sie das Leben im Freien durch positive Aktivitäten wie Radfahren oder Skaten. Machen Sie Yoga oder jede Form von körperlicher Aktivität, die Sie besonders genießen. Buchen Sie einen Termin im Kosmetikstudio für ein entspannendes Verwöhnprogramm. Diese Dinge können Wunder für Geist und Seele bewirken.

Essen Sie nahrhafte und ausgewogene Mahlzeiten

Irrationales Essen ist oft ein Spiegelbild Ihres emotionalen Geisteszustands. Manche Menschen neigen dazu, alles in sich hineinzustopfen, wenn sie unter akuten emotionalen Turbulenzen leiden, während anderen der Appetit verloren geht. Das schafft ein Muster von ungesunder Ernährung, das in Extremen wie Anorexie oder medizinischen Bedingungen, die sich aus

Übergewicht ergeben, enden kann.

Zeigen Sie Ihrem Körper den Respekt, den er verdient, durch den Verzehr von nahrhaften, gesunden und ausgewogenen Mahlzeiten. Wenn Sie richtig essen, fühlen Sie sich energetischer und positiver. Vermeiden Sie Lebensmittel mit einem hohen Zuckeranteil und ungesundem Fett. Folgen Sie keinen Diäten, die Ihr Selbstwertgefühl in ein Allzeittief stürzen, wenn Sie aufgeben. Entscheiden Sie sich stattdessen dazu, Ihre Lieblingslebensmittel in kleinen Portionen zu essen, und konzentrieren Sie sich mehr auf Lebensmittel mit einem hohen Ballaststoffanteil. Sagen Sie zu künstlichen Süßstoffen und Konserven Nein.

Denken Sie daran, Süßigkeiten und Gebäck können sich erst mal nach Soul Food anfühlen, sie bieten aber null Nährstoffe und stapeln unerwünschte Kalorien. Wählen Sie Lebensmittel mit hohem Nährstoff- und niedrigem Zuckerlevel, nach deren Verzehr Ihre Energiereserven nicht abstürzen und Sie sich müde fühlen. Entscheiden Sie sich für Obst, Gemüse und mageres Fleisch, das hoch in Protein ist.

Verbessern Sie Ihre Kommunikationsfähigkeiten und Körpersprache

Wenn Sie sich selbstbewusst ausdrücken, ergänzt durch eine Ton- und Körpersprache, die Selbstbewusstsein reflektiert, fühlen Sie sich großartig. Haben Sie schon mal erlebt, wie sich Sprecher verhalten, die immer eine riesige Menge begeistern und die Leute dazu bringen, ihnen zuzuhören? Sie sprechen bejahend, mit der richtigen Intonation und Betonung. Ihre Ausdrücke, Gesten, die Haltung und der Blickkontakt zeigen Vertrauen.

Machen Sie Ihre Sprechmuster wirksamer, zwingend und durchsetzungsfähig. Pausieren Sie mit Wirkung zur richtigen Zeit. Verwenden Sie Wörter, die einen proaktiveren und weniger defensiven Ansatz reflektieren. Gestalten Sie Ihre Argumente gelassen, ausgewogen und vernünftig.

Wenn Sie lernen, vertraulicher und effektiver zu kommunizieren, beginnen die Menschen, auf Sie zu hören. Das wiederum kann Ihr Selbstbild dramatisch steigern.

Kleiden Sie sich gut und protzen Sie mit einem ordentlichen Aussehen

Ein gepflegtes Aussehen und ein gut sortierter Kleiderschrank sind integrale Bestandteile Ihrer Persönlichkeit und Ihres Selbstbilds. Menschen, die gut gekleidet und gepflegt sind, fühlen sich selbstsicherer und selbstbewusster. Es reflektiert eine organisierte, sich selbst respektierende und unübersichtliche Person.

Beachten Sie, wie sich Ihre Emotionen plötzlich einfach durch den Wechsel in sauberere, bequeme und besser passende Kleidung ändern. Ihre Kleidung und Ihr Aussehen zeigen viel über Ihre allgemeine Einstellung zum Leben. Wenn Sie ein gepflegtes und ordentlich gekleidetes Aussehen an den Tag legen, zeigen Sie Liebe und Respekt für sich selbst.

Ziehen Sie sich so an wie die Person, die Sie sein wollen, und was Sie im Leben erreichen möchten. Wenn Sie reich sein und sich so fühlen wollen, dann verkleiden Sie sich als Millionär. Es geht nicht um Eitelkeit; es geht darum, alles zu verinnerlichen, was Sie durch Ihre Kleidung und Ihr Aussehen ausdrücken wollen.

Schätzen Sie Ihre Unvollkommenheiten

Lernen Sie Ihre sogenannten Unvollkommenheiten zu akzeptieren und zu pflegen. Werfen Sie den Begriff der Vollkommenheit aus Ihrem Vokabular. Nichts ist perfekt. Perfektion existiert nicht. Feiern Sie Ihre Mängel, Unvollkommenheiten und Fehler, da sie Sie von den anderen unterscheiden.

Seien Sie kein Fabrikprodukt einer beliebten Ideologie. Befreien Sie sich von Sachen, die unwirkliche Ideen der Vollkommenheit solcher Schönheitsmagazine verstärken. Erkennen Sie, dass jede Person einzigartig und schön ist auf ihre eigene Weise, und was Ihnen vielleicht hässlich erscheinen mag, kann für jemand anders die Definition von Schönheit sein.

Lassen Sie sich nicht Ihre Wahrnehmung von sich selbst durch Airbrushbilder der Schönheit bestimmen. Sie sind mehr als nur Ihre physischen Eigenschaften.

Setzen Sie sich Ziele und verwirklichen Sie sie

Wenn Sie sich Ziele setzen und diese eins nach dem anderen verwirklichen, breitet sich ein wunderbares Gefühl der Erfüllung in Ihnen aus. Handeln ist hier der Schlüssel. Es kann alles von der zeitigen Fertigstellung eines Projekts sein bis zum Enden einer toxischen Beziehung. Sobald Sie Dinge verwirklichen, die Sie schon viel zu lang auf der Reservebank sitzen haben lassen, spüren Sie eine große Welle von Selbstbewusstsein.

Verzögerung zerstört Ihr Selbstwertgefühl, indem Sie sich weniger produktiv und positiv fühlen. Ihre Energie und das Vertrauen werden erschüttert, wenn sich eine Reihe von anstehenden Aufgaben anhäuft, die darauf warten, abgeschlossen zu werden. Übernehmen Sie Verantwortung für Ihr Leben, setzen Sie Ziele und streichen Sie sie von Ihrer To-Do Liste, indem Sie heute handeln.

Praktizieren Sie Liebesrituale

Nehmen Sie sich etwas Zeit vom Tag, um ein tägliches Liebesritual zu praktizieren. Schalten Sie den Fernseher und Ihr Telefon aus und zentrieren Sie all Ihre Energie auf das Liebesritual. Es kann alles von einem erfrischenden Schaumbad bis hin zu einem kleinen Gebet sein oder eine sanfte Massage. Führen Sie das Ritual mit voller Achtsamkeit aus.

Danken Sie Ihren Füßen, dass sie Sie überall hintragen, und Ihren Händen, die Sie arbeiten lassen. Wenn Sie sich mit Dankbarkeit duschen, fühlen Sie sich wirklich gesegnet und schätzen diese Gaben bewusster. Dies kann ein großer Selbstbildbooster sein.

Der Fokus ändert sich von dem, was Sie denken, dass es fehlt, zu dem, für das Sie dankbar sind. Sie hören auf, über Dinge zu murren, die Sie ändern möchten, und zelebrieren stattdessen das Leben, das Ihnen verliehen wurde. Diese Übung hilft Ihnen, Ihre Segen nicht als selbstverständlich anzusehen, sondern dankbar für alles zu sein, was Sie haben.

Machen Sie einen psychometrischen Test

Psychometrische Tests können bei der Bestimmung Ihrer Stärken und Schwächen helfen. Sie beruhen auf soliden psychologischen Prinzipien, die verschiedene Facetten Ihrer einzigartigen Persönlichkeit aufdecken. Diese Selbstdaten können als ein brillanter Bezugspunkt für das Wissen selbst dienen, das den Prozess der Selbstakzeptanz mühelos macht.

Der beste Teil bei diesen Tests ist, dass es keine genauen oder ungenauen Antworten gibt. Alles ist subjektiv. Genau wie Ihre Persönlichkeit. Sie wissen, dass es kein Ideal gibt. Jede Persönlichkeit ist einzigartig und besitzt ihre eigenen Stärken und Schwächen. Die Fragen, die in diesen Tests gestellt werden, lassen Sie tiefer in Ihr inneres Selbst eindringen, um mehr Verständnis und Annahme zu erhalten darüber, wer Sie sind, ohne selbst zu urteilen.

Abschluss

Danke für das Herunterladen meines Buchs

Sich selbst lieben lernen:

Wie Sie die Kunst der Selbstliebe meistern, die innere Kritik ablegen und sich wieder glücklich in der eigenen Haut fühlen.

Ich hoffe aufrichtig, dass Ihnen dieses Buch geholfen hat, zu erkennen, wie wunderbar Sie wirklich sind, und dass Sie gelernt haben, sich wieder zu lieben. Ich hoffe auch, dass Sie viele Weisheiten, handliche Hinweise und Tipps mitnehmen konnten.

Verstehen Sie, dass das Streben nach Selbstliebe kein Übernachtungsprozess ist. Es wird bewusste, konsequente und engagierte Anstrengung benötigen, um Ihre Mentalität von Selbstkritik auf Selbstakzeptanz zu verlagern. Allerdings werden Sie allmählich Zeuge von leistungsstarken Ergebnissen. Sie werden sich in ein glückliches, positives und selbstliebendes Individuum verwandeln.

Der nächste Schritt ist, auf die wertvollen und getesteten Informationen, die Sie am Bildschirm haben, sofort zu agieren. Informationen ohne konkrete Maßnahmen sind sinnlos. Stehen Sie auf und beginnen Sie Ihre Reise, um sich selbst zu lieben. Nur wenn Sie diese bewährten Techniken umsetzen, werden Sie erkennen, wie mächtig und effektiv sie wirklich sind.

Wenn Sie das Lesen des Buchs genossen haben, nehmen Sie

sich bitte etwas Zeit, um Ihre Gedanken zu teilen, indem Sie eine Rezension hinterlassen. Es wird sehr geschätzt!

Hiermit wünsche Ich Ihnen ein lohnenderes und erfreuliches Leben voller Selbstliebe!

www.ingramcontent.com/pod-product-compliance
Lightning Source LLC
Chambersburg PA
CBHW060204290526
45789CB00003B/1157